하나님의 뜻을
발견해 가는 여행

정원 지음

영성의 숲

하나님의 뜻을 발견해 가는 여행

서 문

누구나 자신의 인생을 계획합니다. 누구나 멋지고 행복한 인생을 꿈꿉니다.
그러나 이상하게도 우리의 삶은 우리의 계획대로, 우리의 예상대로 흘러가지 않습니다. 누구나 살아가면서 예상하지 못한 일을 경험하고 예상하지 못한 고생과 실패를 경험합니다.
그 이유는 무엇일까요? 그것은 우리가 인생의 주관자가 아니며 배후에서 우리의 삶을 설계하고 인도하고 가르치시는 분이 계시기 때문입니다. 그러므로 우리의 삶은 우리의 생각대로 흘러가지 않고 하나님의 계획과 인도대로 흘러가게 됩니다.

우리가 일찍부터 그것을 알았더라면 우리는 많은 고생과 실패의 대가를 지불하지 않았을 것입니다. 우리는 우리를 향한 하나님의 뜻과 원하심을 알기 위해서 좀 더 노력했을 것입니다. 많은 세월을 흘려보낸 후에야 우리는 비로소 '지금 내가 알고 있는 것을 전에 미리 알고 있었더라면..' 하고 후회를 하게 됩니다.

그것은 우리만의 경험이 아닙니다. 성경에 나오는 대부분의 사람들도 그와 같은 실패와 아픔들을 경험하였습니다. 그리고 그러한 실패와 아픔들을 통하여 자신을 향한 하나님의 계획과 인도하심에 대하여 조금씩 알아가게 됩니다. 인생이란 그와 같이 하나님의 뜻을 알아가고 발견해 가는 여행이라고 할 수 있는 것입니다.

우리는 이 책을 통하여 성경에 나타난 몇 사람의 여정을 살펴볼 것입니다. 그리고 그들의 배후에서 인도하시고 가르치시는 하나님의 가르침과 교훈을 살펴볼 것입니다.

그들도 우리처럼 하나님의 뜻을 잘 알지 못해서 많은 고생들을 하였습니다. 그러므로 우리는 그들의 여행을 살펴보면서 간접적인 경험을 통해서 많은 것들을 배울 수 있을 것입니다. 왜냐하면 그들의 하나님이 곧 우리의 하나님이시며 그들에게 가르치시고 말씀하시는 하나님이 같은 가르침과 메시지를 우리에게도 주시고 있기 때문입니다.

부디 이 여행에서 많은 것을 얻고 깨달으십시오. 그것은 당신의 여정에 적지 않은 도움이 될 것입니다. 당신의 삶 속에 풍성하신 주님의 은총이 임하시기를.. 할렐루야..

2007. 2 정원 드림.

CONTENTS

1부 아버지의 마음

1. 어린 시절 / 13
2. 변두리의 제왕 / 17
3. 기회 / 23
4. 서원 / 30
5. 승리, 그러나... / 35
6. 신앙이냐? 사랑이냐? / 40
7. 하나님의 의도 / 46
8. 묵상 / 56

2부 하나님의 훈련

1. 버림받음 / 61
2. 하나님의 사람을 찾는 여행 / 66
3. 초대받지 못한 자 / 72
4. 기름부음을 향하여 / 75

5. 기름부음을 받다 / 78

6. 여전히 평범한 나날들 / 81

7. 악한 영들을 쫓아내다 / 83

8. 전쟁과 심부름 / 86

9. 기름부음으로 승리하다 / 89

10. 승리의 비결은? / 92

11. 재난의 시작 / 96

12. 비참한 도피 생활 / 99

13. 도망자 떼거리들 / 102

14. 기름부음과 하나님의 임재 / 105

15. 기도만이 절대절명의 피난처 / 109

16. 위기는 기회 / 114

17. 반복되는 시험 / 118

18. 타협은 오히려 상황을 더 복잡하게 한다 / 123

19. 기름부음의 완성, 통곡하는 다윗 / 128

20. 기름부음의 법칙 / 135

21. 묵상 / 139

3부 잘못된 애정의 종말

1. 애정의 시작 / 143
2. 상사병이 생겼을 때 / 145
3. 치사한 계교 / 152
4. 본능에 속한 사람 / 155
5. 성취 후의 허무함 / 157
6. 압살롬의 분노 / 160
7. 치밀한 복수 / 163
8. 숨어있는 주동자 / 167
9. 욕망은 악령의 먹이 / 175
10. 묵상 / 181

4부 누가 가슴을 채워주는가

1. 인생은 진정한 사랑을 찾는 여행 / 185
2. 다윗의 부모 / 187
3. 다윗의 형들 / 191
4. 요나단과의 우정 / 195
5. 첫사랑의 여인 미갈 / 210
6. 환란 중에 만난 여인 아비가일 / 223
7. 불륜의 사랑 밧세바 / 229
8. 자녀들에 대한 사랑 / 239
9. 부하들과의 우정과 사랑 / 249
10. 아리따운 동녀 아비삭 / 257
11. 다윗의 마지막 장면 / 262
12. 묵상 / 267

1부 아버지의 마음

인생은 여행입니다. 그것은 영원한 본향을 향하여 나아가는 우리 영혼의 여정입니다.

우리의 삶에서 날마다 일어나는 모든 사건들은 우연히 생기는 것이 아니라 우리가 알아야 할 무엇인가를 가르치기 위하여 우리에게 다가오는 것입니다. 그것은 우리의 영혼이 아름답게 성장해가기 위해 주어지는 일종의 테스트이며 훈련입니다. 그러한 테스트와 훈련을 통하여 우리는 여행 속에서 계속 무엇인가를 배우게 됩니다.

이번 장에서 우리는 입다라는 한 특이한 여행자를 만날 것입니다. 그리고 그의 삶에서 겪게 되는 슬픈 드라마를 보게 될 것입니다. 그리고 그의 여행을 통해서, 그의 고뇌를 통해서, 아버지의 마음, 하나님의 마음의 한 부분을 보게 될 것입니다.

자, 이제 여행은 시작됩니다.

1. 어린 시절

입다라는 사람이 있었습니다.
그의 어린 시절은 몹시 불행했습니다.
왜냐하면 그의 형제들이 그를 집에서 쫓아냈기 때문입니다.
그의 아버지는 사회의 지도자격인 유력한 사람이었으나, 그의 어머니는 화류계 출신이었고, 그래서 그것을 부끄럽게 여긴 그의 배다른 형제들이 그를 쫓아낸 것입니다.
아마 이런 것이겠죠.
너 같은 녀석은…
우리 가문의 수치야…
너는 우리 가문을 이을 수 없어.
너는 우리와 격이 맞지 않아.
그래서 입다는 결국 집에서 쫓겨납니다.

어린 시절에 집에서 쫓겨난 사람 입다,
그의 마음은 어떠했을까요?
자기의 잘못이 아닌, 출생 신분 때문에 버림을 받게 된 아이의 마음은 어떠했을까요?
그것은 똑같이 버림받지 않고는
아무도 알 수 없을 것입니다.
어린 시절은 마음의 고향입니다.
뒹굴던 방구석, 뛰어 놀던 마당..
그 때는 모든 것이 다 장난감이고, 놀이이며, 흥미로운 것들입니다.
마을에서 어울리던 친구들,
세월이 지나면 잊혀지지만
그래도 마음의 한 구석에 있는 것들..
뛰어다녔던 운동장,
함께 어울렸던 골목길, 큰 건물들..
어른이 되면
의외로 그것들은 크지 않을 것이라는 사실을 알게 되지요.
소년은 이제
이 모든 것을 박탈당합니다.
그에게는 이제
추억이 사라집니다.
고향이 없어집니다.
왜냐하면
생각을 하면 할수록
어린 시절의 추억은 그에게 고통을 일으키니까요.

북한에 고향을 두고 있는 실향민처럼
지척에 있으나 갈 수 없는 실향민처럼
소년은 실향민이 됩니다.
가까이 있으나,
이제는 돌아갈 수 없는 곳,
고통스런 추억이 남아있는 곳..

이제 그는 그곳을 떠납니다.
눈물을 감추면서
이제 그는 떠납니다.
처음에는 울고불고 애원했지요.
형, 나 가기 싫어.
형, 왜 그래.
나 싫단 말이야.
같이 놀면 안 돼?
그러나 차츰 그는
이제 그러한 애원이, 그러한 요청이
더 이상 통하지 않는 다는 것을 압니다.
이제 그는 떠나야 한다는 것을 압니다.
한 구석에서 흘리는 어머니의 눈물,
항상 그의 든든한 기둥이 되었던 어머니,
멸시받고 야단맞을 때

항상 감싸주던 어머니
마당 한구석에서 흐르는 그녀의 피눈물을 보면서
소년은 이제 알게 됩니다.
나는 이제 떠나야겠구나.

그는 어머니의 손을 잡고
어디론가 알 수 없는 여행을 시작합니다.
이제 그는 추억을 묻어두고 갑니다.
그는 다시 돌아오지 않을 것입니다.
그리고 이날의 고통을,
그는 잊지 않을 것입니다.
눈물을 감추고 그는 묵묵히 걸어갑니다.

2. 변두리의 제왕

소년 소녀 가장은
비록 어린 나이이지만
어른의 역할을 감당해야 합니다.
그래서 그 아이들은
조숙하고 어른스럽습니다.
어리광을 받아줄 사람이 없기 때문에
티없이 맑은 어린 시절을 훌쩍 뛰어 넘어
너무 빨리 어른이 되어버리는 것이죠.
또래의 아이들이
까불고 천방지축이지만,
그들은 점잖고 성숙합니다.
고난이 그들을 성숙하게 만들지요.
그러나 그 아이들의 어른스러움은
안타깝고 안쓰러운 어른스러움입니다.
왜냐하면 누구에게나
개구쟁이이고 아무 걱정이 없는

어린 시절이 필요하니까요.
아무리 장난을 쳐도
따뜻하게 받아주고 안아주는 엄마가 필요하니까요.
비록 성숙은 더딜지라도
그러한 따뜻함은 인격의 기초가 될 수 있는 것이지요.
소년 입다도 조숙해 집니다.
그가 당했던 일들은
그를 생각이 많은 소년으로 만들어 주었지요.

이제 소년 입다는 새로운 환경에 거하게 됩니다.
그곳은,
여태껏 아버지의 집에서 살았던
그러한 분위기와는 다른 곳이지요.
집들도 깨끗하지 않고,
사람들도 남루한 옷을 입으며.
그들의 사용하는 용어도
아주 거친 것들입니다.
밤의 도시,
밤의 뒷골목이라고나 할까요?
별로 고상하지 않은 그곳의 분위기.
세련되지 못한 그들의 움직임, 말투,
그러나 거기에서 입다는 이상하게 뭔가

편안함을 느낍니다.
오히려 그 거친 분위기가 좋게 느껴집니다.
점잖고 세련된 사람들로부터
배척을 받았기 때문일까요?
그는 서서히 그곳의 분위기에 익숙해집니다.

세월이 흐르고 입다는 어른이 되어갑니다.
그는 그곳에서 많은 사람들을 만납니다.
그곳은 그의 제2의 고향입니다.
입다는 그곳의 사람들을 차츰 이해하게 됩니다.
그리고 그들도
자기와 비슷한 종류의 사람인 것을
알게 됩니다.
입다는 용감하고 지혜로운 사람입니다.
그는 점점 더 세력을 얻게 됩니다.
그가 증오하기는 했지만 강하고 리더십이 있었던 아버지의 피가 그의 안에서 흐르고 있는 때문인지도 모르지요.
그의 밑에는 점점 사람들이 모여듭니다.
그곳은 밤의 도시입니다.
그곳은 강인한 사람만이 살아남을 수 있는 세계입니다.
밤의 황제가 되려면,
그는 특별히 더 용감하고, 냉정해야 합니다.

약하고 겁 많은 사람은 그곳에서 버텨낼 수 없습니다.
사람들은 점차로 입다를 존경하게 됩니다.
그는 아주 강한 남자입니다.
그는 전혀 두려워하지 않는 것 같습니다.
때때로 그들은 입다가 무서워지기도 합니다.
그들은 말합니다.
저 사람은 겁이 없어.
바위와도 같아.
저 사람은 우리의 지도자가 될 수 있어.
아무도 저 사람처럼 강인하지 않아.

그렇습니다.
입다는 매우 강했습니다.
그것은 무엇 때문이었을까요?
혹시 그것은 증오심 때문이 아니었을까요?
이제, 입다는
그 세계를 통치하게 되었습니다.
모든 사람들이 이제
그에게 굴복합니다.
어떤 면에서 이제 그는
그의 아버지가 누렸던 것보다
더 많은 것을 누립니다.

그는 이제 돈도 있고, 권세도 있고,
명예도 있습니다.
그는 강한 남자의 상징입니다.
그는 결혼도 하고 가정을 꾸밉니다.
그리고 사랑하는 딸이 태어납니다.
그리고 그는 그 하나밖에 없는 딸에게
자기의 모든 애정을 쏟아 붓습니다.
왜냐고요?
자기가 당했던 아팠던 일들을
자기의 딸만큼은 결코 경험해서는 안 된다고
생각하기 때문입니다.
그는 자기가 받지 못한 애정을
딸에게 쏟아 붓습니다.
그리고 말합니다.
사랑하는 내 딸아,
아빠는 부모로부터 버림을 받았지만,
내 딸아, 너는 결코 버림을 받지 않을 것이다.
이 아빠는 너를 사랑한단다. 영원히.
아빠는 너를 지킬 것이란다.

이제 그는 부족한 것이 없는 사람입니다.
그렇습니다. 그는 이제 행복합니다.

그러나,
왜 가끔 입다의 얼굴에 그늘이 생길까요?
왜 가끔 그는 잠자리에서 깨어 일어나
창문 쪽으로 걸어가서 자기의 고향 쪽의 하늘을 바라볼까요?
아직까지 어린 시절의 한이 사라지지 않은 것일까요?
아직도 치유되지 않은 어떤 부분이
그의 속에 남아있는 것은 아닐까요?
밤은 깊고,
그는 조용히 한숨을 내쉬고
잠자리로 들어갑니다.

3. 기회

고통의 세월은 그렇게 흘러갔습니다.
이제 입다는 그 세계의 지배자가 되었고,
모두에게 존경받는 사람이 되었습니다.
그의 강인함과 용맹으로 인하여
그는 아무도 함부로 대할 수 없는 사람이 되었습니다.
이제 그는 아무 것도 부족하지 않습니다.
어린 시절에 잃어버렸던 모든 것들을
이제 장년이 된 지금 그는 모두 다 얻었습니다.
그런데 그는 진정 행복할까요?
아마 아직까지 그는 지난 시절을 기억하고 있는지도 모릅니다.
행복하다고 고백하면서도, 뭔가 떨쳐버릴 수 없는 어떤 것을 그는 아직도 가지고 있는 지도 모릅니다.

그러던 어느 날 그에게 낯익은 방문객이 찾아옵니다.
낯익은 방문객..
그렇습니다.

사실 그들을 만난 지는 이미 몇 십 년의 세월이 흘렀을 것입니다. 아주 오랜 시간이 지나갔지요.
그러나, 그들의 모습을 입다는 한번도
잊은 적이 없었습니다.
어린 시절, 그들은 그의 친밀한 친구였습니다.
아주 재미있는 놀이를 같이 하기도 했습니다.
그는 그들과의 우정이 변치 않으리라고 믿었습니다.
그러나 그의 운명의 날, 그가 쫓겨나가는 순간에
그의 편이 된 친구는 아무도 없었습니다.
배신감에 치를 떨면서,
입다는 집을 떠났고,
다시는 이 친구들을 찾지 않으리라고 결심했던 것입니다.
입다는 간간이 그들의 소식을 들을 수는 있었습니다.
자기가 이 세계에서 강력한 지도자로 부상되고 있는 것처럼, 그들도 그의 조국 이스라엘의 지도자로서 성장해가고 있다는 사실을..
그러나 그는 아무런 연락도 취하지 않았습니다.
그리고 그들에게, 조국에게, 아무런 관심도 보이지 않았습니다.
그런데 이제 그들이 찾아온 것입니다.
"오랜만이군, 친구들."
초췌해진 모습으로 찾아온 그들을 입다는 냉소적인 표정으로,
그러나 여유 있게 대합니다.

입다는 이제 막강한 정보망을 가지고 있었습니다. 입다는 이미 그들의 방문이유에 대해서, 그의 조국 이스라엘의 상황에 대해서, 훤히 알고 있습니다.
그러나 그는 짐짓 딴청을 부립니다.
"어인 일로 이렇게 누추한 곳을 찾아오셨는지?"
그러나 입다의 그러한 빈정댐에도 불구하고 그들은 호소하듯이 입다를 바라봅니다.
"입다, 오랜만이오. 당신과 함께 지내던 옛날이 그립군요. 당신의 소식은 그 동안 익히 잘 들어 왔소이다."
입다는 여전히 빈정거립니다.
"호오, 그러시오? 이 미천한 것에게 그토록 관심을 가져 주어서 고맙군요."
그들은 이제 진정 그들의 위치가 서로 뒤바뀌어진 것을 깨닫습니다.
그렇습니다. 이제 입다는 더 이상 쫓겨난 소년이 아니며, 그들도 더 이상 그를 쫓아낸 사람의 입장이 아닙니다.
그들 중의 하나가 말합니다.

"입다, 우리에 대한 당신의 감정을 잘 알고 있소. 그리고 사실 우리도 거기에 대하여 뭐라고 할 말이 없소.
우리도 이제 와서 이런 말을 꺼내게 되어 염치가 없지만, 그래도 어쩔 수가 없소. 아마 당신도 들어서 알겠지만, 암몬 족속이 우리의 조국 이스라엘을 침공하기 위하여 대규모의 공격을 감행하려고 하고 있소."
그는 긴장이 되는지 잠시 말을 가다듬습니다.
"유감이지만, 지금 우리의 힘으로는 그들의 침공을 저지할 만한 능력이 없소. 그래서…"
그는 입다의 눈치를 살피며 간신히 말을 이어갔습니다.
"우리는 바로 어제 지휘관 간부회의를 했소. 그리고 이 전쟁에서 우리에게 승리를 안겨줄 수 있는 유일한 사람이 입다, 바로 당신이라는 것에 모두 동의했소. 당신의 용맹과 능력은 이미 널리 알려져 있기 때문이오.
어떻소, 이제 다시 우리에게로 와서 우리를 도와주지 않겠소? 당신도 당신의 조국이 외적에게 침범 당하고, 멸망하는 것을 원하지는 않겠지요?"

그러자 여유를 부리고 있던 입다의 표정이 갑자기 격렬하게 일그러집니다.
"나를 보고 도와달라고? 나의 조국? 나를 그렇게 비참하게 내어 쫓더니, 이제 와서 궁지에 몰리니까 도움이 필요하다고?"
그는 자리를 박차고 일어납니다. 그리고 외치듯이 말합니다.
"웃기는 소리하지 마시오. 당신들이 내가 어떤 세월을 보냈는지 알기나 해? 그리고 자꾸 조국, 조국 하지만, 나는 조국이 없소. 조국이 나를 버렸을 때, 나도 조국을 버렸소. 그러니 도와달라는 소리를 더 이상하지 마시오. 나는 가지 않겠소. 당신들이 어떤 곤경에 처해있든, 그것은 내가 알 바 아니오."
그는 자리에서 일어나 뚜벅뚜벅 밖으로 걸어 나옵니다.
그러나 그가 밖으로 나오기도 전에 이스라엘의 장로들은 그의 옷깃을 붙잡습니다.

"입다! 잠깐만!"
입다는 싸늘한 시선으로 그들을 바라봅니다.
"아직도 할 말이 남았소? 내 얘기를 한번 더 듣고 싶은 거요?"
그들 중의 대표장로가 입다 옆에 오더니, 은근한 미소를 띠고 말을 시작했습니다.
"입다, 당신의 마음은 잘 알고 있소. 그러나 우리의 이야기를 일단 끝까지 들어보시오.
당신은 우리가 이렇게 어려운 일을 부탁하면서 아무런 협상조건을 가지고 오지 않았다고 생각하오?"
입다의 굵은 눈썹이 꿈틀! 하고 움직였습니다.
"협상조건?"

"그렇소. 우리는 장로회의에서 당신에게 도움을 요청하기로 하면서 이런 결정을 내렸소. 만약 당신이 우리를 도와서 암몬 자손을 물리쳐 준다면, 우리는 당신에게 최고의 통치권을 주기로 합의를 했소."

입다는 다시 그 대표장로의 얼굴을 뚫어지게 쳐다봅니다.
"뭐라고, 최고의 통치권이라고?"
장로는 눈도 깜짝거리지 않고 대답합니다.
"그렇소. 최고의 통치권이오. 우리 모두의 지배자가 되는 것이오. 이런 작은 지역의 지도자 자리가 아니지요. 만약 승리한다면 당신은 금의환향을 하는 것이며 곧 이스라엘의 지도자가 되는 것이요."
입다는 생각에 잠깁니다.
"만약 너희들이 다시 약속을 어긴다면? 다시 옛날과 같이…"
장로는 고개를 흔듭니다.
"우리는 이미 그럴 힘이 없소. 그리고 하나님께서 우리의 증인이 되시오. 그리고, 당신이 우리의 통치자가 되면…"
그는 비통한 표정으로 말을 잇습니다.
"우리에게 어떻게 하든지, 그것은 당신의 자유요. 우리는 지금 아무런 방법이 없소. 우리가 쓸 수 있는 카드는 아무 것도 없소."
생각에 잠긴 입다에게 장로는 마지막으로 말을 남깁니다.
"부디 신중하게 생각하고 결정해 주기를 바라오. 우리에 대한 옛 우정이나, 당신의 신앙심에 호소하지 않겠소. 그러나 어쩌면 당신에게도 이것은 좋은 기회가 될 것이오. 당신의 과거의 한을 다 지울 수 있는, 보상받을 수 있는 좋은 기회가 될 수도 있소. 우리는 이만 돌아갈 테니 곧 당신의 응답을 전해주시오."

목례를 한 후 그들은 떠나갔습니다.
그들의 발자국 소리는 사라져 가고 있었습니다.
입다는 그 자리에 우뚝 선 채 미동도 하지 않고 그들의 이야기를 되새겨보고 있었습니다.
좋은 기회라.. 내가 최고의 지도자가 된다고? 하나님의 선택된 백성 이스라엘의 지도자..
그렇다면 나의 직함은 사사가 된다.
내가 하나님의 사용하시는 사사가 된다고? 나의 어린 시절의 우상이었던 아버지도, 또 가문 전체에서도 아직 사사는 나오지 않았는데..
사사 - 하나님이 특별히 선택하시며 그의 신을 부어주시는 사람, 그리하여 택하신 백성 이스라엘의 구원자로 삼는 사람, 그러나 과연 내가 그렇게 될 수 있을까?
그는 이스라엘의 전설적인 영웅 기드온, 웃니엘, 에훗 등을 생각해 보았습니다. 내가 그러한 위인들의 반열에 낄 수 있단 말인가?
입다는 깊은 상념에 잠겨 밤이 깊도록 잠을 이루지 못했습니다.
지나간 험난한 삶의 여정이 주마등처럼 떠올랐습니다.
추억과 번민과 기대와 불안감이 교차되어 그는 밤새도록 잠자리에서 뒤척이고 있었습니다.

4. 서원

오랜 고민 끝에 입다는 그들의 제안을 받아들였습니다.
그것은 제대로 지켜지기만 한다면 과히 나쁘지 않은 제안이었습니다.
아니, 나쁘지 않은 정도가 아니라 입다에게 있어서는 최상의 제안일지도 모릅니다. 어떻게 보면 입다의 마음 속 깊이 자리잡고 있었던 야망이 현실화되는 순간이기도 했습니다.
그가 전쟁에서 승리하고 이스라엘의 지도자가 된다면, 이는 그의 아픈 지난 시절에 대한 모든 보상을 의미하게 될 것입니다.
그는 그의 민족의 영웅 요셉의 이야기를 잘 알고 있었습니다.

요셉도 그의 처지와 비슷하게 형제들의 모함으로 쫓겨나 이방의 세계에서 혹독한 시련을 겪었습니다. 그러나 그는 하나님의 은혜로 시련을 딛고 애굽의 총리가 됩니다.
입다는 요셉이 총리가 된 후 그에게 무고한 누명을 뒤집어 씌웠던 보디발의 아내에 대해서 어떻게 복수했는지가 궁금했습니다. 그러나 요셉이 보복을 했다는 기록이나 이야기는 전해지지 않았습니다.
또한 그를 괴롭히고 노예로 팔았던 그의 형들에 대해서도 요셉은 보복하지 않았습니다.
왜냐하면 그가 최고의 위치에 있다는 것, 그것은 그 자체로 이미 복수였기 때문입니다.
자기가 함부로, 매몰차게 대했던 사람이 모든 권력을 가진 위치에 올라갔을 때, 그것에 대해서 두려워하지 않을 사람은 아무도 없을 것입니다. 그들은 권력자에게 행했던 자신의 옛 행동에 대하여 한없이 후회하고 전전긍긍할 것입니다.
그것은 입다에게 있어서 생각만 해도 즐거운 일이었습니다. 그래서 입다는 심사숙고 끝에 부하를 길르앗의 장로들에게 보내어 그들의 제안을 수락하겠다는 의사를 전달했던 것입니다.

시간은 흐르고 드디어 전쟁의 날은 가까이 왔습니다. 이제 내일은 드디어 암몬과의 결전이 있는 날입니다. 이날 밤, 입다는 여전히 잠을 이루지 못하고 있었습니다.
처음에 입다는 암몬 족속의 왕에게 이치를 들어 설명하여 그들의 침입의 부당성을 지적하고 이로써 나라를 지키려고 하였습니다. 어쩌면 그 왕이 입다의 명성을 들었을 지도 모르는 일이고 일이 잘되면 피를 흘려서 평화를 얻는 것 보다 낫다고 생각했던 것입니다.
그러나 상황은 그렇게 호락호락 풀리지 않았습니다.

그들은 입다의 논리에 코웃음을 칠 뿐이었습니다.
그들의 세력과 기세는 실로 막강하였고, 이제 전쟁은 피할 수 없게 된 것입니다.
운명의 결전이 있는 그 전날 밤, 입다는 몹시 긴장되어 있었습니다. 그는 자문했습니다.
'과연 나는 내일의 싸움에서 승리할 수 있을까?
그도 여태껏 크고 작은 싸움을 치렀습니다.
그러나 내일의 전쟁은 규모나 싸움의 열기로 보나 전에 입다가 경험했던 싸움과는 종류가 달랐습니다.
이제 모든 것은 내일의 싸움에서 결정됩니다.
입다는 과거의 모든 한을 내일의 승리로서 풀게 될 것인가?
아니면 패배하여 이스라엘의 수치를 더할 것인가?
그렇다면 그가 이제껏 받아왔던 모든 것들도 다 물거품이 될 것입니다.

입다는 솔직히 두려웠습니다.
깊은 밤 그는 정원으로 나갔습니다.
주위는 칠흑같이 어둡고 고요합니다.
모두가 잠들어 있습니다.
이제 새벽이 오면 그는 이곳을 떠나 전쟁터로 갈 것입니다.
그는 조용히 걷다가 문득 무릎을 꿇었습니다.
그리고 기도하기 시작했습니다.

"여호와, 하나님…"
무엇을, 어떻게 기도해야 할지 그는 혼란스러워서 종잡을 수가 없었습니다. 그는 계속 했습니다.
"이스라엘의 하나님, 아브라함의 하나님, 이삭의 하나님, 야곱의 하나님이시여"
하나님은 믿음의 조상들에게 친히 나타나셔서 말씀하시고, 교통하셨다는 것을 그는 듣고, 배웠습니다.
그러나 입다는 하나님을 그렇게 가깝게 느껴본 적도, 경험한 적도 없었습니다.

다만, 그가 고향에서 쫓겨난 후에 슬프고, 외로울 때는 하나님께 무릎을 꿇고 고향을 향하여 머리를 숙이고 그의 기도와 예배를 마친 적이 있었습니다.
그럴 때마다 그는 어떤 평안함을 맛보기는 했지만, 지금 이와 같은 위기 상황에서 하나님께서 그의 편이 되어 주실 지는 확신할 수 없는 일이었습니다. 그는 계속 기도했습니다.
"하나님, 제발 부탁하오니, 내일의 전쟁에서 제게 힘을 주십시오. 저를 도와주십시오. 저에게 함께 하여 주십시오.."
그는 기도를 계속 했지만 뭔가 답답한 느낌이 들었습니다.
하나님께서 과연 자기의 기도를 들으시고 응답하실지, 그는 몹시 걱정스러웠습니다.
갑자기 입다에게 하나의 생각이 떠올랐습니다.

'그래. 맞다. 기도를 내가 일방적으로 요구만 할 수는 없어.. 하나님은 예물과 제사를 기뻐하시지 않는가..'
그는 분명한 어조로 기도하기 시작했습니다.
"이스라엘의 하나님, 여호와 하나님."
그는 목소리를 가다듬었습니다.
"만약 주님께서 저의 기도를 들으시고 내일의 전쟁에서 저에게 승리를 주신다면,"
그는 다시 한번 숨을 돌리고 나서 그의 기도를 매듭지었습니다.
"제가 집으로 돌아올 때 누구든지 나를 영접하는 자를 하나님께 번제로 바치겠습니다. 그가 누구든, 나는 그를 잡아서 하나님께 제물로 드릴 것입니다."
입다는 기도를 마치고 일어났습니다.
그의 입가에 비로소 만족한 웃음이 떠올랐습니다.
'그래, 이거야. 하나님께서는 항상 서원과 기도를 들으셨지. 야곱의 서원.. 나실인의 서원.. 이제 하나님은 나의 서원도 들으셨을거야..'
그는 이제 안심하고 잠자리로 들어갔습니다.
그는 하나님께서 어떻게든 내일의 전쟁에 개입해 줄 것을 믿었습니다.
그의 서원이 내일 가져다 줄 끔찍한 비극의 역사를 그는 짐작조차 못한 채, 평안하게 잠자리로 들어갔습니다.
곧, 그는 깊은 잠에 곯아 떨어졌습니다.

5. 승리, 그러나...

전투는 시작부터 순조로웠습니다.
입다는 그 동안 수많은 전쟁을 치렀지만 이 날처럼 몸이 가벼웠던 적이 없었던 것 같았습니다. 그의 팔과 다리는 마치 그의 것이 아닌 듯, 나는 듯이 자유롭게 움직여졌습니다.
여태껏 싸워 왔었던 그 어느 싸움에서보다도 그는 월등한 능력을 발휘하였습니다.
막강한 위용을 자랑하던 암몬 족속의 군대는 입다와 그의 부하들의 용맹과 위력 앞에 일방적으로 초토화되고 있었습니다.
입다는 이마에 흐르는 땀을 연신 닦아가며 중얼거렸습니다.
"별것도 아닌 놈들이 큰 소리를 쳤군. 내가 겨우 이런 정도의 놈들 때문에 겁을 먹다니.."
해가 지도록 전투는 계속 되었고, 이제 싸움은 끝나가고 있었습니다. 이미 전의를 상실한 적들은 활로를 찾아 뿔뿔이 흩어져 도망치기에 바빴습니다.
입다는 생각했습니다.
'이 놈들을 끝까지 추격해서 완전히 다 섬멸해 버릴까? 다시는

우리나라를 넘보지 못하도록?'
그러나 그는 곧 머리를 저었습니다.
'아니지. 오늘은 이것으로 충분하다. 이 정도면 그들은 내가 어떤 사람인 줄 알았을 것이다. 이 정도의 승리로도 충분하다. 그들은 결코 다시는 우리를 침범할 생각을 하지 못할 것이다. 이 전쟁은 정복전쟁이 아니고 방어를 위한 싸움이니 이제 이것으로 충분하다.'
그는 몹시 지쳐 있었습니다. 지난 밤, 그리고 며칠 동안의 긴장, 전쟁준비 등으로 그는 이제 피로가 몰려오는 것을 느꼈습니다. 그는 어서 집으로 돌아가 쉬고 싶었습니다.
그는 부하에게 명령하여 싸움을 중지시키는 나팔을 불게 했습니다.
곧이어 길다란 나팔소리가 광야의 벌판에 울려 퍼졌습니다.
'부우웅 - '
"전군! 추격 중지! 이제 소탕을 마치고 우리는 집으로 간다! "
함성이 울려 퍼졌습니다.
"우와 - !"
"할렐루야!"
"여호와 닛시!"
"아멘!"
"우리 대장 입다 만세!"
"이겼다!"

싸움이 끝나고, 집으로 돌아오는 입다의 마음은 감동으로, 기쁨으로 터질 것만 같았습니다.
이제 그는 모든 한을 풀었습니다. 그는 감격스러웠습니다. 이렇게 기쁜 날이 있을 수 있을까요! 내게도 이런 날이 오다니!
그는 너무나 행복했습니다.
그는 그의 부하들이 자랑스러웠습니다.
모든 주위의 사람들이 다 사랑스럽게 보였습니다.
그는 기쁨과 승리의 춤을 추고 싶은 것을 꾹 참고 있었습니다. 그것은 위대한 장수로서는 품위를 잃은 행동인 것 같이 느껴졌습니다.
그러나 대신에 그는 집으로 돌아가면 바로 승리의 파티를 열 것입니다.
승리의 공을 세운 장수들을 격려하고 축복해 줄 것입니다. 아마 수많은 여인들이 이미 승리의 소식을 듣고, 살진 소를 잡고, 파티를 준비하고 있을 것입니다.
미소와 기쁨의 표정을 얼굴 가득히 채우고 그는 서둘러 말을 몰고 집으로, 집으로, 향하고 있었습니다.

그런데, 그런데 뭔가 이상했습니다.
기분이 왜 이럴까요? 승리의 기쁨과 감격으로 충만했음에도 불구하고 입다의 마음의 한 구석에는 왠지 미묘한 불안감이 자리 잡고 있었던 것입니다.

그리고 그 불안감은 이상하게도 집이 가까워질수록 점점 더 커져 가는 것이었습니다.
도대체 그 이유는 무엇일까요?
입다는 애써 그 느낌을 무시했습니다.
'괜찮아. 별일 없어. 내가 지금 너무 피곤해서 그런 거야. 이제 집에 도착하면 곧 괜찮아 지겠지.'
드디어 그는 집 가까이에 이르렀습니다.
저 멀리 마을이 보이고, 수많은 사람들이 춤을 추며 환성을 지르고 있는 것이 눈에 들어 왔습니다.
입다는 기쁜 마음으로 그들을 축복하고 마침내 집에 도달했습니다.

그리고 집 문으로 들어가려는 순간이었습니다.
그 순간 집 앞에서 그의 사랑하는 딸이 뛰어나왔습니다.
"축하해요. 아버지! 하나님을 찬양합니다! 저는 이제껏 아버지의 승리를 위해 기도하고 있었어요!"
그 순간, 입다는 가벼운 벼락이 온몸을 스쳐 지나가는 것을 느꼈습니다.
그리고 자기가 집에 오기까지 지금껏 느껴왔던 불안감의 정체를 깨닫게 되었습니다.
그토록 사랑스러운 딸, 눈에 넣어도 아프지 않을 그의 외동딸, 그의 목숨과도 바꿀 수 없는 그의 딸의 환영을 보면서 그는 그

전날 밤의 하나님과의 약속 기도, 서원이 너무나도 선명하게 떠올랐던 것입니다.
입다는 심장이 멎을 것만 같았습니다.
그는 천천히 말에서 내렸습니다.
갑자기 숨이 막혀서 그는 아무런 대답을 할 수 없었습니다.
딸은 의아한 듯이 그에게 물었습니다.
"아버님, 왜 그러세요? 혹시 부상이라도?"
그는 말없이 고개를 흔들었습니다.
그는 이제 더 이상 승리자가 아니었습니다.
묵묵히 그의 딸과, 아내와 모든 사람의 축복과 환호성을 뒤로 하고 그는 마치 시체와 같이 느릿느릿 걸어서 그의 방으로 걸어 들어갔습니다.
그의 방에 들어가 고목처럼 쓰러져버린 그는 고통스러운 마음을 씹어뱉듯이 중얼거렸습니다.
"아아, 사랑하는 내 딸아! 왜 하필이면 너냐? 응? 왜 하필이면…"
일그러진 그의 얼굴 아래로 굵은 눈물방울이 하염없이 굴러 떨어지고 있었습니다.

6. 신앙이냐? 사랑이냐?

모든 파티는 취소되었습니다.
입다는 오랫동안 두문불출하고 있었습니다.
그는 아무도 만나지 않았습니다.
아무의 얼굴도 보지 않았고 아무와도 아무런 이야기도 하지 않았습니다.
그는 너무 지쳤고 다만 혼자 있고 싶을 뿐이었습니다.
그가 지금껏 살아왔던 고난의 험난한 세월의 무게보다 지금의 그를 짓누르고 있는 고뇌가 훨씬 더 컸기 때문입니다.
입다 가정의 비극은 곧 모든 사람들에게 알려지게 되었습니다.
그의 부하들, 그리고 모든 사람들이 숨을 죽였습니다.
그리고 눈치만 보면서 그의 결단을 기다리고 있었습니다.

그 동안 입다는 자기의 방에 틀어박혀 있으면서 그 얼마나 많은 탄식과 후회를 되풀이했는지요.
길르앗 장로들의 제안을 받아들인 것에 대한 수천 번의 후회, 그리고 하나님께 드린 서원기도에 대한 수만 번의 후회, 가책 그리고 고통..
입다는 얼마나 많이 자신을 저주하고 자신의 입을 저주했는지 모릅니다.
이제 그는 선택의 기로에 놓여 있었습니다.
하나님과의 약속을 선택할 것이냐? 아니면 그의 가정을 선택할 것이냐?
신앙을 선택할 것이냐? 사랑을 선택할 것이냐?

그는 그 날의 전쟁에 하나님께서 함께 하셨다는 것을 확실히 알 수 있었습니다.
그러한 강적을 그토록 쉽게 초토화시킨 능력 - 그것은 그 자신의 힘이 아니었습니다.
그는 자신도 모르는 힘에 압도되어 엄청난 용맹을 떨쳤던 것입니다. 그런데 그 하나님과의 약속을 어찌 감히 져버릴 수가 있을까요?
그러나 또한 - 자기의 생명, 자기의 분신을 죽도록 내버려두어야 한다는 것 - 그것도 결코 쉬운 일은 아니었습니다.

자식에게 있어서 부모는 하나의 스쳐 지나가는 과정일지 모르지만, 부모에게 있어서 자식은 그렇지 않습니다.
그것은 그들의 인생입니다. 삶입니다. 생명의 연장입니다.
자식이 태어났을 때, 그것은 부모에게 있어서 새로운 인생의 시작입니다. 자식이 죽었을 때 그것은 부모에게도 죽음입니다. 그도 같이 죽은 것입니다.
그는 살아있으나 살아있는 것이 아닙니다.
도대체 어떻게 해야 할까요?
신앙을 선택하자니 사랑이 울고 - 사랑을 선택하자니 신앙이 무너집니다.

아무도 감히 입다에게 다가오지 못하는데, 그의 방문이 스르르 열리고 들어오는 사람이 있었습니다.
그의 딸, 그가 세상에서 가장 사랑하는 딸이었습니다.
입다는 말없이 그녀를 쳐다보았습니다. 딸을 쳐다보는 순간 온갖 상념들이 그를 스치고 지나갔습니다.
지난 날, 고향에서 쫓겨나고, 결혼하여 이 딸을 얻었을 때, 그는 얼마나 행복했는지요! 그는 얼마나 기뻐했는지요! 이 딸은 그에게 얼마나 위안이 되었는지요!
이 어린 딸이 잠자는 모습을 보며 그는 모든 시름을 잊었습니다. 잠시만 집을 나가있어도 딸이 자꾸 눈에 밟혀서 그는 오래동안 밖에 나가있지 못했습니다.
그는 딸에게 자기가 당했던 고통을 결코 당하지 않게 하려고 그녀가 진정 행복한 딸이 될 수 있도록 온 정성을 기울였습니다.
진정한 아버지로서는 실패했던 그의 아버지와는 다르게 그는 진정 좋은 아버지, 사랑하는 아버지가 되고 싶었습니다. 딸에게도 사랑 받는 아버지가 되고 싶었습니다.
그러나 그의 꿈은 사라지고 이제 그는 인간의 역사상 가장 잔인한 아버지가 될 수밖에 없는 비참한 운명 앞에 놓여있는 것입니다.

둘은 서로 마주 보고 있었습니다.
둘은 서로 아무 말도 하지 않았습니다.
그저 서로 쳐다보면서 하염없이 눈물만 흘릴 뿐이었습니다.
사실 아무 말도 할 필요가 없었습니다.
그들은 진정 서로 사랑했고, 진정 서로의 마음을 잘 알고 있었던 것입니다.

딸이 먼저 입을 열었습니다.
"아버님, 저를 사랑하시는 것을 잘 알아요. 그리고 아버님의 마음이 너무나 고통스러우시다는 것도 잘 알아요."
딸은 눈물을 훔치며 말했습니다.
"하지만 아버님, 그보다 더 중요한 것이 신의라는 것을 아시겠지요. 하나님과의 약속.."
그녀의 말은 띄엄띄엄 이어졌습니다.
"우리 민족은 하나님이 특별히 선택하신 민족이라는 것을 잘 아시잖아요. 우리는 오직 하나님의 은총으로만 존재할 수가 있었지요.

우리가 주님을 경외하고 그의 말씀을 지켜 순종할 때는 항상 기쁨과 평안이 있었지요. 하지만 우리가 하나님을 떠났을 때는 항상 굴욕과 패배와 비참함이 있었지요."
그녀는 이제 흥분이 조금 진정이 되었는지 차분하게 말을 이어갔습니다.
"그러니 아버님, 절대로 하나님과의 약속을 저버리지 마세요. 저는 괜찮아요. 저는 아버님이 저를 사랑하시는 것을 알아요. 그리고 저도 아버님을 사랑해요."
그녀는 조용히 속삭이듯이 말을 맺었습니다.
"이제, 더 이상 망설이지 마세요. 약속을 이행하세요. 우리에게 주신 승리로 우리는 충분해요."

입다는 조용히 딸에게로 갔습니다.
그녀의 가느다란 몸을 포옹하면서 그는 뜨거운 눈물을 쏟고야 말았습니다.
"아아! 내 딸아! 사랑하는 나의 딸아.. 아빠를 용서해다오.."
서로 꼭 껴안은 두 사람은 같이 눈물을 흘리며 한참동안이나 붙어서 서로 떨어질 줄을 몰랐습니다.
입다는 알고 있었습니다. 이제 그도 어쩔 수 없다는 것을.
그는 모든 권력을 가진 자였으나 그것은 사람과의 관계에서일 뿐, 하나님과의 관계에서는 아주 나약한 한 피조물에 불과했던 것입니다.

그는 강하고 용맹 있는 자였으나 감히 하나님을 거스를 마음은 없었습니다. 적어도 그의 신앙의 뿌리는 반석과 같은 것이었습니다.
그는 이미 대세의 흐름이 결정이 난 것을 잘 알고 있었습니다. 다만 그 무서운 현실을 받아들이기 위하여 시간이 좀 필요했던 것입니다.

입다는 드디어 바깥으로 나갔습니다.
바깥에 있는 수많은 눈들이 조심스럽게, 긴장된 표정으로 그의 입을 쳐다보고 있었습니다.
입다는 이미 체념한 것 같았습니다.
그는 조용하고도 침착하게 부하들에게 몇 가지의 지시를 내렸습니다. 그리고 그들에게 일 처리에 필요한 모든 일들을 의탁했습니다.
간단한 의식이 끝나고, 그는 다시 자기의 방으로 돌아왔습니다. 그는 다시금 썩은 고무나무처럼 자리에 쓰러져 누웠고, 다시는 일어나려고 하지 않았습니다.
아마 당분간, 충분히 시간이 흐를 때까지 그는 아무도 만나지 않을 것입니다. 그에게는 한동안 혼자만의 깊은 시간, 상처에 익숙해지는 시간이 필요할 것입니다.

7. 하나님의 의도

성경에 기록된 입다의 이야기는 이와 같이 비극적으로 끝이 납니다.
슬프게 시작된 입다의 인생이 해피엔딩으로 끝났으면 얼마나 좋았을까요. 하지만 유감스럽게도 결과는 그렇지 못했습니다.
입다의 이야기는 이렇게 끝이 났지만 우리는 여기서 몇 가지를 더 생각해 보고 싶습니다.
이 사건을 향하신 하나님의 의도는 무엇이었을까요? 과연 그 분은 이와 같은 비극을 원하셨을까요?
입다의 고통, 그리고 그 가정의 비극적인 종말은 과연 하나님께서 원하셨던 것일까요?
물론 그 대답은 NO입니다.
주님께서는 결코 그들의 비극을 원치 않았습니다.
입다가 그의 자식 딸을 사랑한 만큼 주님께서도 입다를 사랑하셨으며 그의 딸을 사랑 하셨습니다.
어떤 부모가 자식의 고통을 기뻐하겠습니까? 문제는 입다가 하나님을 믿으면서도 그분에 대하여, 그분의 마음에 대해서 잘 알지 못하고 있었다는 사실입니다.
자, 그의 문제는 무엇이었을까요?
한번 살펴보기로 합시다.

우선 그는 하나님 아버지 마음에 대해서 잘 몰랐습니다.
그는 하나님을 오랫동안 믿어왔을지 모릅니다. 어쩌면 모태신앙일지도 모릅니다. 어려서부터 주일학교에 다녔을지 모르지요.
그러나 그에게 있어서 하나님은 살아 계신 분이기는 하지만 너무나 멀리 있는 두려운 존재였습니다.
그는 하나님을 경외했을 지는 모릅니다. 그러나 그분의 친밀감과 따뜻함을, 섬세한 사랑을 그는 알지 못했습니다.
그는 하나님을 지나치게 엄하고 계속 무엇인가를 요구하기만 하는 아버지로서 인식했었던 것 같습니다.

그런 아버지도 있습니다.
어느 날 아들이 학교에서 B학점을 맞았습니다. 아버지는 꾸짖습니다.
"학점이 그게 뭐냐? 좀더 잘 할 수 있잖아."
아들은 노력합니다. 그래서 어느 날 A학점을 가지고 갑니다. 아버지는 다시 요구합니다.
"조금만 더 노력하면 A+를 맞을 수도 있겠는데..."

다시 아들은 열심히 해서 마침내 A+의 성적표를 가지고 옵니다. 그러나 아버지는 이번에도 역시 아들을 칭찬해주지 않습니다.
"너희 학교는 점수를 상당히 후하게 주는 구나"
아들은 이제 아버지에게 칭찬 받는 것을 포기합니다.
그는 자신이 아무리 노력해도 아버지를 기쁘게 할 수 없다는 것을 알게 됩니다. 하나님 아버지에 대한 입다의 의식은 바로 그런 것이 아니었을까요?

그는 하나님을 만족시키기 위하여 최대한으로 자기를 채찍질하고 희생을 해야 한다고 생각했습니다.
그 하나님은 엄한 아버지와도 같아서 그분을 기쁘시게 하고 그분의 징계를 받지 않으려면 무엇인가 대단한 것을 바쳐야 한다고 생각하였습니다. 그는 자신의 딸을 그토록 사랑하는 아버지이면서도 아버지로서의 하나님의 마음을 이해하지 못했던 것입니다.
이러한 그의 경직된 아버지관은 아마도 그가 어린 시절에 아버지로부터 버림받았던 기억과 연관이 있는지도 모릅니다. 일찍이 아버지로부터 버림받은 그는 자기도 모르게 요구만 하시고, 엄하시기만 한 하나님관을 형성했을지도 모릅니다.
그러기에 그는 가장 큰 희생의 헌신을 통하여 하나님의 도우심을 얻어내려고 했던 것입니다.

그러나 이러한 하나님에 대한 무지가 얼마나 그의 인생을 비참하게 했는지요! 하나님의 마음을 아프게 했는지요!
자식이 아버지의 마음을 알지 못하고 오해하는 것처럼 아버지를 고통스럽게 하는 것이 또 있을까요.
아버지 하나님은 이스라엘의 승리를 원하셨습니다.
입다가 굳이 헌신의 서약을 하지 않았더라도 그분은 이스라엘에게 승리를 주셨을 것입니다.
이스라엘의 구원과 승리는 그들의 애씀과 수고에 의한 것이 아니라 하나님의 은혜와 긍휼 때문이었습니다.

오늘날도 얼마나 많은 그리스도인들이 입다와 같은 방식으로 신앙생활을 하는지요!
그들은 하나님을 예배합니다. 두려워합니다. 그러나 사랑하지는 않습니다. 그분을 가까이 하려고 하지는 않습니다.
그분의 마음과 긍휼에 대해서 잘 모르기 때문에 끊임없이 자신들의 노력과 수고에 의지합니다. 의식과 행위에 매달립니다.
그러나 주님께서는 백 번의 애씀보다, 백 번의 간구보다, 한번의 사랑과 신뢰가 중요한 것입니다.
그분의 사랑을 받아들이는 것, 그분의 은혜를 그냥 감사하고 누리는 것, 이러한 신뢰가 더 중요한 것입니다.
어린 아기는 아무런 의심 없이 아빠의 사랑을 받아들입니다. 그들은 아빠의 품에 완전히 자신을 의탁하고 그 품에서 잠을 잡니다. 이러한 완전한 의탁과 신뢰가 얼마나 아빠를 기쁘게 하는지요! 그러나 입다는 이 안식의 사랑, 누림의 신앙에 대해서 알지 못했습니다.

그는 끊임없이 긴장해 있었습니다. 그렇기 때문에 그의 삶은 한 평생 피곤함의 연속이었던 것입니다.
사람이 주님 안에서 안식을 얻지 못하면, 도대체 어디에서 휴식과 치유를 얻을 수 있겠습니까?

둘째로, 우리가 생각해보고 싶은 것은 왜 하필이면 그 시점에서 딸이 입다를 환영하기 위하여 뛰어 나왔는가 하는 점입니다. 우리는 이 세상에 우연이 하나도 없다는 것을 잘 알고 있습니다.
성경은 참새 한 마리도 하나님의 허락 없이는 땅에 떨어지지 않는다고 말씀하십니다.(눅 12:6)
이 우주 안에서 일어나는 모든 일들은 우리의 영적 성장과 유익을 위하여, 하나님의 허락 안에서만 일어나는 것입니다.
그렇다면 왜 주님께서는 입다의 딸을 그 시간에 뛰어나오도록 인도하셨을까요? 진정 그분이 그 딸의 죽음을 원하셨기 때문에? 물론 아닙니다.
아마도 주님께서는 입다의 이방적인 서원(이스라엘에서는 이와 같은 사람 제사 풍습이 아예 없었습니다)에 어처구니가 없었던 것 같습니다.
그분께서는 마치 이렇게 입다에게 물으시는지도 모릅니다.
'네가 나에게 누구든지 너의 집안 식구들을 바치겠다고? 너는 지금 네가 무슨 말을 하는지 아느냐? 정말 네가 너의 말을 실행할 수 있다고 생각하느냐?

그분은 아버지의 마음을 이해하지 못하는 입다를 가르치시기 위해서 무남독녀 외딸을 사용하신 것 같습니다.
아버지 하나님의 마음을 오해하여 아버지를 아프게 하는 입다를 깨우치시기 위하여 딸을 통하여 입다로 하여금 자신의 잘못된 서원과 잘못된 하나님관을 깨닫게 하시려던 것 같습니다.
그렇다면 이제 서원을 한 후에 딸이 영접하러 나왔을 때 입다는 어떻게 행동해야 했었을 까요? 하나님께서는 어떤 것을 원하셨을까요?

그것은 아주 간단합니다. 이 서원은 시작부터 하나님께서 원하신 것이 아니었으며 딸을 보내신 것도 그 어리석음을 보여주시기 위한 것이었습니다.
그러므로 그는 단순히 무릎꿇고 그의 경솔함을 고백하면 되는 것이었습니다. 그 후에는 번제와 속죄제를 사람이 아닌 소나 양으로 드리면 되는 것입니다. 그러나 입다는 이러한 주님의 깨우치심까지도 이해하지 못했습니다.

그는 통곡하며 몹시 고통스러워했지만 그 고통, 그 통곡, 그 탄식은 진정 의미 없는, 부질없는 것이었습니다. 필요가 없는, 쓸데없는 고통에 불과했습니다.
오늘날도 얼마나 많은 그리스도인들이 아버지의 사랑을 알지 못하고 스스로 무거운 짐을 지고 신앙생활을 하고 있는지요.

어떤 처녀가 기도생활에 힘쓰다 여러 가지 은혜의 경험을 했습니다. 그 경험들이 너무 매혹적이고 감동적이어서 그는 독신을 서원했습니다.
일생을 처녀의 몸으로 결혼하지 않고 기도와 봉사로 주님만을 섬기겠다고 서원을 한 것이지요.
물론 그러한 서원을 훌륭하게 지켜내는 분도 있지만 적지 않은 경우 그런 감동과 소원은 그렇게 오래 가지 않습니다. 시간이 흐르고 감동은 식고 나이를 먹은 후에 자신의 서원을 지키는 것에 대해서 오래 갈등하고 번민하다가 그녀는 결혼을 하였습니다.
그녀의 결혼생활이 행복할까요? 아닙니다. 대체로 불행한 경우가 많습니다. 그 이유는 무엇일까요? 그것은 약속을 지키지 않은 그녀에 대한 하나님의 징계 때문일까요?
아닙니다. 그것은 그녀의 죄책감 때문입니다.
결혼생활에는 원래 많은 갈등과 문제들이 있습니다. 성격적으로, 환경적으로 많은 어려움이 생깁니다. 그런데 그럴 때마다 그녀는 이렇게 생각하는 것입니다.
"나 때문이야. 내가 하나님과의 언약을 지키지 않았기 때문이야... 그러니 나는 불행할 수밖에 없어..."
이것은 아직도 구약식으로 믿고 있는 것입니다.
사람이 서약을 하고 소원을 아무리 해도 주님께서 원하시며 인도하시지 않으면 그것은 이루어지지 않습니다. 또한 잘못된 기도를 드렸으면 회개하고 고백하면 됩니다.
애당초의 계획대로 주님을 섬기지 못한다고 하더라도 주님의 인도하심에 따라 그분을 섬기고 봉사할 수 있는 길은 많이 있기 때문입니다.

오늘날 많은 그리스도인들이 입다와 같이 긴장되어 있습니다.
그들은 아주 열심히 신앙생활을 합니다.
그러나 그들은 지쳐있습니다. 피곤합니다.
주님과의 만남을 즐거워하거나 누리지 못합니다.
그러나 영혼의 눈이 열리고 진정 주님의 마음을 보게 될 때,
이들의 신앙은 달라질 것입니다.
이들은 주님과의 만남이 사랑과 달콤함이 가득한 것임을 알게 될 것입니다.
주님을 더 이상 저 멀리 있는 존재가 아니며
두렵고 무서운 존재가 아닌
따뜻하고 섬세한 사랑의 아버지로서 누리게 될 것입니다.

그리고 기도와 예배를 통하여 주님의 임재 속에 들어가는 것 보다 더 영광스럽고 행복한 일은 세상에 다시없다는 것을 깨닫게 될 것입니다.

당신도 입다처럼 긴장하지 마십시오.
주님을 두려운 아버지로 생각하지 마십시오.
주님을 당신에게 끝없이 무엇인가를 요구하시는 분으로 여기지 마십시오.
긴장을 푸십시오.
편안해 지십시오.
자신의 어두움과 어리석음을 바라보지 말고
주님의 영광과 아름다우심
그분의 긍휼에 당신의 시선을 맞추십시오.
당신은 점차로 하늘 문이 열리고
빛들의 아버지로부터
영광스러운 임재가 다가오는 것을
경험하게 될 것입니다.
우리의 죄보다
우리의 미약함보다
그분의 사랑이 크십니다.
그분의 긍휼이 크십니다.
그분의 보혈의 능력이 더 위대하십니다.

자연스럽고, 부드럽고, 행복한 신앙..
이것이 주님을 실제로 경험하게 될 때 얻어지는
자연스러운 아름다움인 것입니다.

8. 묵상

(이것은 예언이 아닙니다. 이것은 말씀의 묵상 중에 떠오르는
자연스러운 메시지를 기록한 것입니다.)

사랑하는 나의 자녀들아.
나는 너희를 사랑하고 축복한다.
나는 너희를 지금 있는 그대로의 모습으로
받아들이고 사랑한다.

내가 너희를 사랑하는 것은
너희의 어떠함.. 애씀과 수고와 노력 때문이 아니라
너희가 나의 자녀이기 때문이다.

너희의 어떤 탁월함 때문이 아니라
나의 긍휼과 넘치는 인자로 너희를 사랑한다.

너희가 부족할지라도, 연약할지라도

나는 여전히 너희를 사랑하며
오히려 그 연약함 때문에 더욱 너희를 사랑한다.

나는 너희에게 무엇인가를 얻기를 원치 않으며
오직 나의 풍성함을 너희에게 주기를 원한다.
나의 사랑, 나의 빛, 나의 생명의 풍섬함을
너희에게 나눠주기를 원한다.

나의 자녀들아.
모든 염려와 부담과 두려움을 버리고
네 모습 그대로 내게로 나아 오라.
나는 너희를 축복할 것이다.
그리고 너희는 내 품안에서
세상을 이기고 열매를 맺을 수 있는 힘을
얻을 수 있게 될 것이다.

온 세상이 너희를 버려도
나는 너희를 버리지 않을 것이다.
왜냐하면 너희는 나의 자녀이며
나의 피로 값 주고 산 자녀이기 때문이다.

지금 있는 그곳에서

지금의 그 상태 그대로
나를 바라보고
나의 이름을 부르라.
나는 너희에게로 갈 것이며
너희를 자유롭고 풍성하게 하여 줄 것이다.

나는 너희를 영원히 사랑하며
그 어떤 것이 이 사랑을 끊을 수 없을 것이다.
왜냐하면
너희는 나의 자녀이며
나는 너희의 아버지이기 때문이다.

2부 하나님의 훈련

두 번째의 여행자는 다윗입니다. 그는 초라한 가문의 보잘것없는 초라한 목동이었지만 그는 주님께 대한 순전한 사모함과 갈망으로 인하여 부름을 받고 기름부음을 받았습니다.

그 기름부음은 왕이 되기 위한 기름부음이었으며 하나님의 뜻을 온전히 이루기 위한 것이었습니다.

그러나 기름부음을 이루기 위한 고난과 훈련은 쉽지 않은 것이었습니다. 그가 주님의 마음을 알고 그분과 연합한 사람이 되어 하나님의 뜻을 온전히 이루어 가는 사람이 되기 위해서는 많은 훈련이 필요하였습니다.

그는 인생의 여정, 고난의 여행 속에서 드디어 훈련에 합격하였고 기름부음을 완성하게 되었습니다. 그리하여 하나님의 마음에 합한 사람이라는 평가를 받게 되었습니다.(행13:22)

당신에게도 당신을 향한 하나님의 기름 부으심과 훈련이 있습니다. 부디 그 훈련을 통과하십시오. 다윗을 부르시고 가르치시며 훈련하시던 주님은 당신의 삶에서도 동일한 인도하심과 은총을 베푸실 것입니다.

1. 버림받음

다윗의 어린 시절에 대해서는 별로 알려진 것이 없습니다. 그러므로 그가 가난한 목자의 아들이라는 것밖에는 어떠한 환경 속에서 자랐는지, 성장과정에서 그의 마음의 상태는 어떠하였는지 구체적으로 알기는 어렵습니다.
그러나 다윗이 쓴 시편 27편을 보면 하나의 흥미로운 언급이 등장합니다.
'내 부모는 나를 버렸으나 여호와는 나를 영접하시리이다'(시 27:10)
내 부모가 나를 버렸다? 과연 그 말은 무슨 의미일까요?
실제로 그의 부모가 다윗을 쫓아낸 것 같지는 않습니다. 그는 항상 이새의 아들로 소개되었으며 아버지와 같이 살았습니다. 그러나 그의 부모는 다윗에게 따뜻한 아버지, 어머니는 아니었던 것 같습니다. 그들은 막내인 다윗에게 별다른 기대와 사랑을 주지 않았습니다. 그러므로 다윗은 자신이 부모로부터 버림받았다고 느꼈던 것입니다.
다윗은 여덟 형제 중에서 맨 마지막인 막내입니다.

보통 자식사랑은 내리사랑이라고 하는데 이상하게도 이 가정은 그렇지 않았던 모양입니다. 선지자 사무엘이 하나님의 명령을 따라 이새의 아들 중에서 한 사람을 택하여 기름 붓기 위하여 왔을 때 다윗의 형 일곱 명은 모두 집에 있었지만 오직 막내인 다윗 혼자만이 바깥에서 일을 하고 있었습니다. 그는 혼자서 양을 지키고 있었습니다.

그 중대한 날에 바깥에 혼자 있다는 것은 결코 유쾌한 일이 아니었을 것입니다. 이스라엘의 가장 유명한 하나님의 사람이 오시는 그 날에! 다윗은 가까이 있을 수도 없었습니다. 그는 초대받지 못한 손님이었습니다.
아버지는 그에게 별로 기대를 하지 않았습니다.
훌륭하게 잘 생기고 늠름한 형들도 많은데, 막내가 하나님이 사용하시는 대단한 사람이 되리라고는 상상도 하지 않았던 것 같습니다.
부모뿐만 아니라 형들도 다윗을 대단한 존재로 여기지 않았습니다. 그저 어리고 약한 막내 동생으로 여겼을 뿐입니다. 다윗의 아버지가 다윗을 잔치 자리에 데리고 나가지 않았을 때 아무도 그것을 항의하지 않았습니다. 모두가 그것을 당연하게 여겼습니다.
그는 무시당하는 존재였습니다.
모든 사람들이 그를 우습게 알았습니다.

그는 모두에게 있어서 버려진 존재였습니다.
그 이유는 무엇일까요?
우리는 그 이유를 알지 못합니다.
그러나 우리가 알 수 있는 것은 다윗이 무척 외롭고 고독한 존재였으며, 그가 사람으로부터 채우지 못한 부분을 주님으로 채웠다는 것입니다.
'내 부모는 나를 버렸으나 여호와는 나를 영접하시리이다'
그는 마음이 외롭고 굶주린 사람이었습니다.
심령이 가난하고 배고픈 사람이었습니다.
그는 가슴의 텅 빈 부분을 주님으로 채우기를 원했습니다.

그리하여 그는 주님을 알게 되었고 주님을 경험하게 되자 다시는 배고프지 않았습니다. 그의 심령은 다시는 외롭지 않았습니다. 그는 자신이 혼자가 아니라는 것을 발견했던 것입니다.
광야에 나가서 양을 치면서 그는 양떼들을 풀어놓고
누워서 피리를 불었습니다.
노래를 부르고 시를 썼습니다.
고독이 그를 시인으로 만들었을까요?
아니면 주님의 임재가 그를 시인으로 만들었을까요?
사람이 쓴 시중에서 시편 23편과 같이 아름답고 멋진 시는 또 없을 것입니다.
시인 중에 바이런도 있고, 릴케도 있지만 다윗만큼, 시편 23편만큼 온 세상 사람들에게 알려지고 영감을 주는 시는 없을 것입니다.
'여호와는 나의 목자시니 내게 부족함이 없으리로다' (시23:1)
그는 양을 돌보면서 목자 되신 주님의 마음을 느꼈을까요? 양을 치면서 하나님의 임재하심을 경험했을까요?
다윗은 왕이 된 후에 별로 시를 쓰지 않았습니다. 그의 시편은 대부분 그가 외로울 때, 힘들 때, 인생의 중요한 역경에 처하였을 때 쓰여진 것이었습니다.
그러나 어떤 면에서 그는 왕이 되기 이전에 초야에 묻혀서 양을 치면서 주님과 함께 있었을 때 더 행복했는지도 모릅니다.
고독한 소년 다윗..
사람들로부터, 부모로부터 채워져야 할 부분을 채움 받지 못한 사람..
그러나 그는 주님을 만납니다. 그리고 기도하며 시를 씁니다.
양을 치면서 틈틈이 그는 노래를 부릅니다.
그가 양의 목자인 것처럼 이제는 주님이 그의 목자가 되십니다.
그리고 말씀하십니다.
다윗아, 모든 사람이 너를 버렸지만
나는 결코 너를 버리지 않을 것이다.
나는 영원히 너와 함께 있을 것이다.

다윗은 이제 행복합니다.

그는 가난하고 아무 것도 가진 것이 없지만, 그래도 행복합니다. 주님이 곁에 계시기 때문입니다.
그는 이제 주님의 임재와 그 기쁨을 압니다.
그는 이제 그분과 동행하며 그분을 결코 놓치지 않을 것입니다.
세상에게서 오지 않은 행복을 맛본 다윗,
그는 이제 고백합니다.
주님, 당신은 진정 나의 목자이십니다.
그리고 주님, 그렇기 때문에..
저는 결코 부족하지 않습니다.
너무나.. 너무나 감사드립니다, 주님.
기도하면서 다윗의 가슴은 설레고 그의 눈가에는 이슬이 맺힙니다.
행복한 미소를 지으며 다윗은 조용히 자리에서 일어나 양떼를 몰고 물을 먹이러 갑니다.
그는 외로운 사람이지만.
그러나 그는 행복한 사람입니다.

2. 하나님의 사람을 찾는 여행

사무엘의 마음은 몹시 우울했습니다. 그는 밤새 한숨도 잠을 자지 못하고 괴로워하고 있었습니다.
그것은 이스라엘의 왕 사울 때문이었습니다.
사무엘이 하나님의 명령을 따라 처음 받아들였고 기름 부어서 세워진 이스라엘의 초대 국왕 사울 - 그가 왕이 되자 태도가 완전히 달라져 버린 것입니다.

사무엘은 처음에 이스라엘 백성이 왕을 구할 때부터 심히 마음이 언짢았습니다.
왜 그들은 왕을 구하는 것일까요.
비록 이스라엘은 이방 나라와 같이 왕이 없었지만, 하나님께서 직접 그들의 왕이 되셔서 그들을 통치하고 계셨습니다.
하나님께서 그분의 사람을 사용하셔서 그분의 뜻을 전달하시고 그분의 뜻에 합당하게 나라를 다스리며 인도하시고 보호하셨던 것입니다.
그러나 이스라엘 백성은 그것을 원치 않았습니다.

그들은 보이지 않는 하나님보다 보이는 왕을 원했습니다.
눈에 보이는 군대를 원했습니다.
그들은 이방나라의 강력한 군대를 볼 때 두려움을 느꼈습니다.
물론 보이지 않는 하나님께서 그들 조상의 하나님이셨고, 지금까지 그들을 보호해왔다는 것을 많이 들었고 알고 있었지만 그들은 눈에 보이는, 확인할 수 있는 보호자를 구했습니다.

사무엘은 그들의 요구에 대하여 심한 고통을 느꼈습니다.
그는 주님의 마음을 느꼈습니다.
하나님 아버지의 마음을 느꼈습니다.
그것은 자식들로부터 버림받은, 자식들로부터 신뢰받지 못하는 아버지의 슬픔, 아버지의 마음이었습니다.

사무엘이 계속 아파하자 하나님께서 사무엘에게 직접 말씀하셨습니다.
"사무엘아, 왜 그리 괴로워하느냐. 그들이 버린 것은 네가 아니다. 나를 버린 것이다. 그들은 예전부터 계속 그러했느니라. 그들은 나에게 다스림 받는 것을 싫어하고, 각자 자기들의 왕을 구한다. 이는 그들이 아직 왕의 통치를 받지 않았기 때문에 그런 것이다. 너는 그들에게 왕의 제도가 얼마나 엄하고 어려운 것인지 가르쳐 주어라."
사무엘은 하나님의 음성을 들은 후에 더욱 심한 슬픔을 느꼈습

니다. 그래서 그는 이스라엘 백성들을 모아놓고, 왕의 제도에
대하여 엄히 경고합니다.
"너희는 왕이 무엇인지 모르고 구하는 구나. 너희는 왕의 종이
될 것이다. 그리고 너희가 너희 택한 왕을 인하여 부르짖어도
하나님은 너희에게 응답하지 않으실 것이다" (삼상8:17,18)
그러나 백성들은 여전히 완강하였습니다.
"아닙니다. 우리도 우리 왕이 있어야 합니다. 우리도 다른 나라
들처럼 우리 왕이 우리를 다스리며 우리의 싸움을 싸워야 합니
다" (삼상8:19,20)
사무엘은 슬픈 마음으로 하나님께 백성들의 말을 보고합니다.

그렇습니다. 그때나 지금이나 사람들은 주님 한 분으로 만족하
지 않습니다.
사람들은 누구나 하나님 외의 왕을 구합니다.
주님의 인도하심과 보호로 결코 만족하지 않습니다.
말씀에 기록된 그분의 모든 약속으로 결코 만족하지 않습니다.
그들은 눈에 보이는 것을 의뢰하고 싶어합니다.
자신의 안정을 위하여 주님을 신뢰하기보다는 사람을 의지하
며 돈을 의지합니다. 인간적인 방법을 의지합니다.
그리고 그것이 바로 우상숭배이며 그러한 방식의 삶이 비참한
결과를 가져온다는 사실을 알지 못합니다.

사무엘은 고통스러웠습니다.
그는 그 시대에 유일하게 하나님의 마음을 아는 사람이었습니다. 버림받은 아버지의 마음을 아는 사람이었습니다.
대부분의 사람들은 자기의 개인적인 고민, 감정에 사로잡혀 울고 웃습니다.
그러나 소수의 하나님의 사람들은 하나님의 마음을 통하여 울고 웃었던 것입니다. 그들은 주님의 고독, 주님의 슬픔, 주님의 아픔에 대하여 알았습니다.
그러므로 그들은 그러한 주님의 슬픔과 연합되어 함께 그 고통을 나누어 가지려고 했던 것입니다.

그런 우여곡절 끝에 탄생된 왕이 사울이었습니다.
사무엘은 사울을 처음 만났던 날을 기억하고 있었습니다.
그때 사울은 잃어버린 나귀를 찾아 헤매고 있었습니다.
체격이 우람하고 잘 생겼지만, 그때 사울은 몹시 초췌하고 어리버리하고 순진한 청년이었습니다.
사무엘이 그가 왕으로 선택되었음을 넌지시 알리자 그는 소스라치게 놀랐었습니다.
"무슨 말씀이세요. 저는 가문도 보잘것없고 얼마나 부족한 사람인데요.."
심지어 그는 왕을 제비뽑는 자리에 가기는 갔지만 두려워서 숨어버리기 까지 했던 것입니다.

사무엘은 그의 겁먹은, 때묻지 않은 모습을 보고 속으로 유쾌하게 웃었습니다. 그는 그 순진한 시골 청년 사울에게 애정을 느꼈습니다.

그는 이 사람을 통하여 하나님께서 이스라엘을 구원하실 것을 믿었습니다. 왕을 구하던 이스라엘 백성들로 인하여 상처받은 사무엘의 마음은 순진한 사울의 모습을 보고 조금 위안을 얻을 수 있었습니다.

그러나 사울은 곧 그때의 순수함과 겸손을 잃어버리고 말았습니다. 그는 차츰 군중들의 환호를 당연하게 여기기 시작했습니다.

아버지같이 따랐던 사무엘의 조언도 점차로 무시하는 모습을 보였습니다. 사무엘이 그에게 하나님의 말씀을 전하여도 그는 한쪽 귀로 들었습니다.

예전의 순수함, 예전의 아름다움은 다 어디로 갔을까요?

그러한 시간이 오래 지속되자 마침내 하나님은 그를 떠나셨고 그것을 사무엘에게 통보하셨습니다. 그 때문에 사무엘은 오랫동안, 그리고 어젯밤 내내 한숨도 자지 못하고 슬퍼하고 있었던 것입니다.

그것은 이제는 그럭저럭 정이 들어버린 사울에 대한 애통이었고, 또다시 버림받은 하나님의 마음에 대한 애통이었으며, 조국 이스라엘에 대한 애통이었습니다.

'왕이 저럴진대, 이제 이스라엘의 운명은 어떻게 될 것인가..'
그는 심히 가슴이 아팠습니다.

그럴 때 다시 하나님의 말씀이 떨어졌습니다.
"내가 사울을 이미 버렸는데 네가 언제까지 슬퍼하겠느냐. 내가 처음에 사울을 선택한 것처럼 다시 두 번째 왕을 지정하겠다. 너는 뿔에 기름을 담아서 내가 보내는 곳으로 가라. 베들레헴 사람 이새의 아들 중에서 내가 한 사람을 선택해서 그에게 기름 부을 것이다. 지금 바로 출발하여라." (삼상16:1)

사무엘은 비로소 정신을 차리고 일어섰습니다.
'그래. 내가 아직도 인간적인 정에 끌리고 있구나. 그래서는 안 된다. 모든 것을 하나님의 손에 맡기자. 이제 베들레헴으로 가서 하나님이 선택하시는 두 번째 왕을 보자.'
그는 자리에서 일어나 간단하게 여행준비를 했습니다.
그리고 출발했습니다.
이번의 선택은 사울처럼 비극으로 끝나지 않고 진정 하나님의 마음을 알고 그 마음에 합하는 아름다운 사람을 만나게 되기를 기대하면서 말입니다.

3. 초대받지 못한 자

사무엘은 여행 끝에 베들레헴에 도착했습니다.
성읍의 장로들은 놀라서 그를 맞이했습니다. 하나님의 사람인 사무엘이 불시에 방문하자 그들은 혹시 무엇인가 잘못된 일이 있는 것은 아닌가 싶어서 떨었습니다.
사무엘은 그들을 안심시켰습니다. 단순히 제사를 드리고 싶어서 온 것이라고 그들에게 말했습니다. 그리고 이새와 그 아들들에게 몸을 성결케 하고 제사에 오라고 초청했습니다.

이스라엘을 다스리는 사무엘이 한 작은 지방에 와서 한 가정을 지정하여 성결케 시킨 후에 제사에 참여하도록 한 것은 가벼운 일이 아니었습니다. 그것은 그들에게 어떤 특별한 지위가 부여되는 것을 의미했습니다.
이스라엘의 모든 사람들은 비록 사울이 왕이기는 하지만 실질적인 힘을 가지고 있는 존재가 사무엘인 것을 알고 있었습니다. 그리고 그 사무엘의 선택과 기름부음을 통해서 사울이 왕이 된 것도 잘 알고 있었습니다.

성읍의 장로들은 모두 놀랐습니다. 이 작은 촌에서 무슨 커다란 일이 생기는 것일까 그들은 놀라면서 또한 기대감을 버리지 않았습니다.
시간이 흐르고 이새와 그의 아들들은 스스로 성결케 한 후에 모였습니다. 그들은 사무엘의 주 방문 목적이 무엇인지, 대상은 누구인지, 누가 사무엘의 선택을 받을 것인지에 대해서 몹시 긴장한 모습이었습니다.
 사무엘은 이스라엘의 두 번째 지도자가 누구인가 심히 궁금했습니다. 그는 이새의 첫 번째 아들인 엘리압을 보았습니다. 그는 외모가 멋지고 용사와 같이 보이는 사람이었습니다. 첫 번째 왕인 사울을 만나던 그 때를 상기시켰습니다. 사울의 외모는 다른 사람들보다 머리 하나가 클 정도로 신장이 장대하고 강력해 보이는 사람이었습니다. 그런데 엘리압의 외모도 그에 못지 않게 뛰어났습니다.

사무엘은 속으로 생각했습니다.
'이 사람이구나.. 역시 멋진 그릇이야..'
그러나 동시에 하나님께서 그에게 말씀하셨습니다.
"그 사람이 아니다. 사람의 용모와 신장을 보지 말아라. 나는 이미 그를 버렸다. 나는 오직 사람의 중심을 본다."
사무엘은 놀랐습니다. 그는 외모에 마음을 집중했던 자신의 모습이 부끄러웠습니다. 그래서 이새의 아들들이 한 사람씩 그의 앞을 지나갈 때 하나님의 음성을 놓치지 않으려고 마음을 집중하였습니다.
한 사람, 한 사람.. 드디어 이새가 데리고 온 일곱 명의 아들들이 다 사무엘의 앞을 지나갔습니다. 그러나 사무엘은 하나님이 선택하신 사람을 발견할 수 없었습니다. 하나님은 사무엘에게 어느 누구도 지명하지 않으셨습니다.

그는 의아해서 이새에게 말했습니다.
"이 사람들 모두가 다 하나님께서 선택하신 사람이 아니다. 네 아들이 이게 다냐? 아직 오지 않은 아들이 있느냐?"
이새가 머리를 조아렸습니다.
"아이고.. 죄송합니다. 막내아들이 하나 있기는 한데. 그 놈은 좀 변변치 않아서.. 혹시 누를 끼칠까 싶어서 데리고 오지 않았습니다. 그리고 그는 지금 밖에서 일을 하는 중입니다."
사무엘은 굳건한 자세로 말했습니다.
"지금 당장 그를 데려 오라. 그가 오기 전까지는 우리 중에 아무도 먼저 자리에 앉지도 않고 식사도 하지 않을 것이다."
이새는 몹시 놀랐습니다. 그는 급히 종을 불러 막내아들을 불러 오도록 시켰습니다.

4. 기름부음을 향하여

"다윗! 다윗!"
멀리 어디선가에서 다윗의 이름을 부르는 소리가 들려오고 있었습니다.
다윗은 문득 눈을 떴습니다. 잠시 누워서 생각에 잠겨 있다가 잠이 들었던 모양이었습니다.

눈을 들어 소리가 나는 곳을 바라보았을 때 그는 아버지의 종이 다윗이 있는 곳을 향해서 열심히 뛰어오는 것을 발견했습니다. 무슨 일일까? 아버지가 급하게 심부름을 시키실 일이 있는 것인가? 다윗은 물끄러미 종이 자기에게 다가오는 것을 기다리고 있었습니다.

가까이 온 종은 큰 소리로 말했습니다.
"다윗! 당신은 지금 당장 집으로 가야 합니다. 아버지가 당신을 부르셨어요! 하나님의 사람 사무엘 선지자님께서 아버지와 당신의 모든 형들을 다 초청했는데 그 중에 사무엘 선지자님께서 찾는 사람이 없다고 합니다. 그래서 지금 당신을 빨리 찾아오라고 하셨어요. 지금 어서 가야 합니다!"

잠이 덜 깬 다윗은 종의 갑작스런 이야기에 정신이 없었습니다. 그가 하는 한 마디 한 마디가 너무나 충격적이었기 때문입니다.
"뭐라고? 말을 좀 천천히 해봐요.. 사무엘 선지자님께서 오셨다고요? 그리고 형들 중에서 선지자님께서 찾던 분이 없었다고요? 그래서 지금 나를 찾고 있다고요? 그러면 그 분이 나를 찾으러 오셨다는 말입니까?"
종은 더욱 서둘러 말했습니다.
"다윗.. 맞습니다. 선지자님께서 지금 당신을 부르셨어요. 그리고 우리는 지금 이러고 있을 시간이 없어요. 선지자님께서 말씀하시기를 다윗 당신이 올 때까지 아무도 자리에 앉지도 않고 식사를 하지도 않을 것이라고 했답니다. 그러니 그 고귀하신 분들이 편하게 자리에 앉으시도록 우리는 얼른 그곳에 가야 합니다."

그의 말은 다윗에게 더욱 더 충격이 되었습니다. 다윗은 속으로 생각했습니다.
아니.. 사무엘 선지자님께서 나를 지금 기다리고 계신다고? 그리고 내가 오기 전까지 자리에 앉지도 않고 식사도 하지 않으신다고? 아니, 그럼 내가 잔치의 주인공이란 말인가? 내 삶은 항상 아무에게도 주목받지 못하던, 낮고 천한 변두리의 삶이었는데 오늘은 내가 주인공이란 말이지? 아니, 이게 도대체 무슨 일이람.. 도대체 나에게 무슨 일이 생긴 거야?

다윗은 경황이 없는 가운데 그를 재촉하고 있는 종에게 치고 있던 양들의 수습을 맡긴 후에 집으로 향했습니다. 아직도 상황이 잘 납득이 가지 않아서 정신이 얼떨떨한 상태로 말입니다.

5. 기름부음을 받다

다윗은 빠르게 달려서 약속 장소에 도착했습니다. 그가 오자 사무엘은 그를 뚫어지게 바라보았습니다. 그러더니 그의 손을 잡고 말했습니다.
"네가 다윗이냐? 하나님이 너를 선택하셨다. 이제 우리와 같이 제사를 드리고 하나님의 뜻을 행하자."
다윗은 그가 말하는 것이 어떤 의미인지 알 수 없었습니다. 그는 그저 어리벙벙한 채로 그들 앞에 서 있었습니다. 사무엘은 제사를 드리고 기름 뿔을 들어 그에게 기름을 부었습니다. 그리고 그를 축복했습니다.
사무엘은 지체하지 않았습니다. 그는 조금 더 머물러서 다윗의 아버지에게 무엇인가 이야기를 하는 것 같았습니다. 그리고는 다시 한번 다윗을 뚫어지게 쳐다보고는 손을 들어 축복을 한 후 다시 떠나갔습니다.

다윗의 형들은 다윗이 그들을 제치고 기름부음을 받고 축복을 받자 몹시 화가 났습니다. 그러나 이날에는 아무 말도 하지 않았습니다. 그들은 수군거리며 집으로 갔습니다.
하루해는 빨리 저물었습니다.
밤이 되었고 다윗은 잠자리에 들었습니다. 그는 아직도 자기에게 무슨 일이 생긴 것인지 알 수 없었습니다.

그는 기름부음을 받을 때의 느낌을 생각해보았습니다. 몸이 갑자기 무엇인가에 충만해지고 어떤 강력한 기운이 그에게 덮이는 것을 그는 느꼈습니다.
그것은 그가 들에서 양을 치면서 시를 짓기도 하고 기도하고 찬양을 하면서 하나님을 묵상할 때에 가끔씩 느끼던 것이었습니다. 그러나 그 힘과 강력함에 있어서 비교가 되지 않았습니다. 그는 무엇인가 거룩한 기운에 압도된 느낌이었습니다.

하지만 그 기름부음의 의미가 무엇인지 그는 궁금했습니다. 그는 랍비에게 기름부음은 선지자나 제사장, 또는 왕이 받는 것이라고 배운 적이 있었습니다. 그렇다면 오늘 그가 받은 기름부음은 그 중에서 어떤 것일까요?

그는 선지자는 아니었습니다. 물론 제사장의 가문도 아니니 제사장의 기름도 아니었습니다. 그렇다면 남은 것은? 왕의 기름부음? 내가 과연 이스라엘의 왕으로 기름부음을 받았단 말인가? 설마 그런 일이? 나는 아무런 자격도 없지 않은가? 게다가 기름부음을 받은 왕 사울이 버젓이 이 나라를 통치하고 있지 않은가?

다윗은 알 수 없었습니다. 자기에게 주어진 기름부음이 무엇인지, 어떤 의미인지 다윗은 도무지 알 수 없었습니다. 그의 뇌리 속에는 끝없는 의문과 상념들이 일어났습니다.

하지만 잘 알 수는 없지만 분명한 것은 무엇인가 놀라운 일이 그에게 시작되었다는 것입니다. 무엇인지 모르지만 그것은 가슴이 벅차고 신나는 일이었습니다. 무엇인지 모르게 그의 심령 속에 넘치는 기쁨과 감격과 평강의 물결이 넘실거리고 있었습니다.

여전히 놀라고 여전히 많은 의문과 감동에 사로잡혀서 이것저것 수많은 생각에 빠져들다가 어느덧 다윗은 잠이 들었습니다.

6. 여전히 평범한 나날들

다윗이 기름부음을 받은 지 여러 날이 지났습니다.
다윗은 무슨 일이 그에게 일어날지 아주 궁금하고 또 궁금했습니다. 이스라엘을 실질적으로 다스리고 있는 사무엘 선지자 님이 그의 고향에 와서 그에게 기름을 부은 것은 범상한 일이 아니었습니다.
하지만 하루가 가고 또 하루가 가고 여러 날들이 지나갔지만 그에게는 아무런 일도 일어나지 않았습니다. 그의 상황은 기름부음을 받기 전과 모든 것이 똑 같았습니다. 그는 여전히 날마다 들에 나가서 양들을 쳤습니다.

그를 향한 아버지의 태도도 그 날 이후 특별하게 바뀐 것이 없었습니다. 형들도 여전히 그에게 무례하고 거침없이 대했습니다. 그 날 이후로 바뀐 것은 아무 것도 없었습니다.
다윗은 한편으로 실망이 되었습니다.
'이게 뭐지? 나는 혼자서 꿈을 꾼 것인가?
하지만 그것은 분명히 일어난 일이었습니다.

그러나 그 날 이후로 바뀐 것이 있었습니다.

기름부음을 받은 이후에 다윗의 외적인 환경은 변화된 것이 없었지만 그는 자신의 안에서 일어나는 변화를 느낄 수 있었습니다.

그는 전보다 힘이 넘치고 담대해지며 생기와 활력과 기쁨이 가득해지는 것을 느낄 수 있었습니다. 그는 기도를 하고 찬양을 드릴 때 하나님의 임재와 권능이 전보다 더 강하고 충만하게 임하는 것을 느낄 수 있었습니다.

그렇기 때문에 이제 다윗은 양을 치면서 혼자 있는 시간이 더욱 더 행복해졌습니다. 그렇게 혼자 있을 때 기도와 찬양을 통하여 하나님과 교제를 나누면서 그는 더욱 더 충만한 기쁨을 경험할 수 있었기 때문입니다.

기름부음을 받은 이후 그의 환경이 외적으로 달라진 것은 없었습니다. 그러나 그는 점점 더 영적으로 예민해지고 강건해지게 되었으며 하나님의 임재와 영광으로 충만해지게 되었습니다. 그것은 이미 그에게 놀라운 은총이며 축복이었습니다.

7. 악한 영들을 쫓아내다

어느 날 그에게 재미있는 일이 생겼습니다.
이스라엘의 왕 사울이 악한 영들에게 시달리게 되었는데 그 치유를 위하여 다윗이 사울의 왕궁으로 부름을 받게 되었던 것입니다. 다윗이 악기를 잘 다루며 노래를 잘 부른다고 소문이 난 모양입니다. 다윗은 빙그레 웃음을 지었습니다.
'기름부음을 받고 나서 생긴 일이 이것인가? 사무엘 선지자 님이 나를 사울 왕의 종으로 추천하셨을까? 그것을 위한 기름부음이었을까?
아무튼 다윗은 사울의 왕궁으로 가게 되었습니다.

촌사람 다윗은 태어나서 베들레헴을 떠나본 적이 없었습니다. 그러므로 도시의 화려함이나 왕궁의 으리으리함을 접할 기회가 없었습니다. 하지만 다윗은 그러한 것에 대하여 별로 주눅이 들지 않았습니다. 그는 다만 사울 왕이 보고 싶었습니다. 이스라엘을 구원한 용사, 하나님이 기름을 부으신 강력한 용사 사울을 전부터 보고 싶었습니다. 하나님이 사용하시는 사람은 어떤 사람인지 그는 알고 싶었습니다. 그러나 다윗이 사울을 보았을 때 그는 놀라고 실망이 되었습니다. 사울은 나이에 비해서 늙어 보였습니다. 몹시 지치고 피곤한 모습이었으며 악한 영에 사로잡혀서 그 눈에 광기가 번쩍거렸습니다.

다윗은 사울 왕을 사로잡고 있는 짙은 어두움의 기운을 느낄 수 있었습니다. 그것은 강력한 악령의 세력이었습니다.
다윗은 몹시 걱정이 되었습니다. 내가 과연 저 하나님의 사람을 사로잡고 있는 악한 영들을 물리칠 수 있을까 하는 생각이 들었습니다.
하지만 다윗은 부탁을 받은 대로 사울을 위하여 수금을 타고 노래를 불렀습니다. 다윗은 놀랐습니다.
수금을 타는 그의 손은 그의 이전 손이 아니었습니다. 기름부음을 받기 전의 손이 아니었습니다. 그가 악기를 다룰 때 놀라운 선율이 흘러나왔습니다. 그가 노래를 부를 때 놀랍고도 강력한 영, 신선한 기름부음이 흘러나왔습니다.

그는 사무엘이 자기에게 기름을 부을 때 임하시던 주의 영과 능력이 다시 임하는 것을 느낄 수 있었습니다. 그의 입과 손은 마치 스스로 움직이는 듯 했습니다.
다윗이 연주를 마치고 땀을 닦았을 때 그는 방안의 공기가 변화된 것을 느꼈습니다.

아무도 아무 말도 하지 않았지만 사울과 모든 사람들이 놀란 눈으로 그를 쳐다보는 것을 알 수 있었습니다.
사울의 얼굴은 환해 졌습니다.
조금 전까지 그를 누르고 있던 귀신들은 사라졌습니다.
"너는 도대체 누구냐?"
놀란 얼굴로 사울이 물었습니다.
다윗이 대답하자 사울은 몹시 기뻐하며 다윗의 아버지에게 선물을 보내겠다고 대답했습니다.
다윗은 감사의 말을 표하며 그 자리에서 물러 나왔습니다.

사람들도 놀랐지만 무엇보다 놀란 것은 다윗 자신이었습니다. 그는 오랫동안 악기를 다루고 찬양을 불렀지만 지금같이 감동을 받은 적은 없었습니다. 그가 연주를 하고 있을 때 그처럼 선명한 주님의 임재와 영광이 임하는 것을 경험한 적이 없었습니다.
다윗은 집으로 가면서 속으로 되뇌었습니다.
'무엇인가 내가 달라졌어. 무엇인가 내 속에 새로운 일이 일어났어. 나는 그 전과 달라. 사람들은 모르지만 나는 그것을 느낄 수 있어. 하나님이 무엇인가 새 일을 행하고 계셔..'
그는 기쁜 마음으로 집을 향했습니다. 사울이 준 선물보다 자기 안에서 역사하시는 주의 영의 임재와 능력이 다윗을 훨씬 더 기쁘게 했습니다.

8. 전쟁과 심부름

얼마 후 이스라엘에 전쟁이 일어났습니다. 블레셋의 군대가 이스라엘을 치러 온 것입니다.
전쟁의 승패에서 무엇보다 중요한 것은 군사들의 사기이며 그것을 이끌어 가는 장군의 역할이라고 할 수 있습니다.
이 전쟁에서 이스라엘은 전의를 상실하고 있었습니다. 그것은 블레셋의 장수 골리앗 때문이었습니다. 그는 무서운 용맹을 가지고 있는 거인으로서 이스라엘은 멀리서 그의 모습을 보기만 해도 두려워하고 떨었습니다. 골리앗이 이스라엘을 모욕하고 비난하는데도 불구하고 감히 그와 맞붙어 싸우겠다는 사람은 없었습니다.

이스라엘에는 그 용맹함으로 이름을 떨쳤던 사울이 있었습니다. 그러나 웬일인지 이번에는 그도 용맹을 떨칠 생각을 하지 않았습니다. 그것은 그의 용맹과 담대함이 하나님의 성령이 임하셨을 때 나타난 것이기 때문입니다. 이제 그는 하나님의 영과 임재를 가지고 있지 않았기 때문에 골리앗과 같이 강한 사람을 상대할 수 없었습니다. 그는 하나님의 임재는 커녕 악한 영에 눌리고 시달리는 노쇠한 사람이었습니다.

이스라엘에는 또 한 사람의 용사 요나단이 있었습니다. 그는 이전에 블레셋을 쳐서 이기는 데 큰 공을 세웠으며 그의 종자 한 사람과 함께 단신으로 블레셋 진을 초토화시킨 적도 있었습니다.(삼14장) 그러나 이번에는 그도 골리앗의 위세에 눌렸는지 감히 나설 생각을 하지 못하고 있었습니다.

다윗은 고향의 집에서 이 이상한 전쟁에 대한 이야기를 들었습니다. 그는 블레셋에 강력한 장수가 나타났으며 이스라엘은 전의를 상실하고 두려워하고 있다는 이야기를 들었습니다.
그는 피가 끓어올랐습니다. 도대체 그 장수가 어떤 사람인지 보고 싶었습니다. 지금 하나님의 영으로, 그 기름 부으심과 권능으로 가득해있는 그는 이 상황을 참을 수 없었습니다.

하지만 그는 전쟁터에 없었습니다. 그는 전쟁에 부름을 받지도 못했습니다. 그의 형들은 전쟁터에 나갔지만 그는 아직도 여전히 목동의 신분이었습니다. 그는 군인이 아니었습니다.
사무엘로부터 기름 부음을 받았지만, 그래서 그의 내면과 외면이 하나님의 영으로 충만해졌지만 그의 신분과 삶에는 아무런 변화가 없었습니다.

그는 발을 동동 굴렀습니다. 그는 어서 전쟁에 참여하고 싶었습니다. 그는 이스라엘을 괴롭히고 모욕하고 있는 대적과 부딪치고 싶었습니다.

그러던 중 기회가 왔습니다. 그의 아버지는 그에게 심부름을 시켰습니다. 전쟁에 나가있는 형들에게 음식을 갖다주라고 다윗에게 시켰습니다.

다윗은 가슴이 설레었습니다. 무엇인가 속에서 꿈틀거리는 것을 느꼈습니다. 밤에 잠자리에 들면서 그는 다짐했습니다.

'두고 봐라. 내일.. 나는 그냥 심부름만 하고 오지 않을 테다. 나는 그 놈이 어떤 놈인지 볼 것이다. 이스라엘을 모욕하는 자를 나는 가만히 내버려두지 않을 것이다. 하나님이 나와 함께 하신다면 나는 그 놈을 이길 수 있을 것이다. 어서 내일이 오기를..'

흥분된 마음을 가라앉히며 그는 잠을 청했습니다.

9. 기름부음으로 승리하다

다윗은 골리앗을 보았습니다. 듣던 대로 그의 위용은 대단했습니다. 키도 컸고 덩치도 컸으며 불타오르는 눈은 사자와 같았고 소리는 맹수를 연상시켰습니다. 그를 보고 이스라엘이 전의를 상실한 것도 무리는 아니었습니다.
하지만 다윗은 이상하게도 그가 두렵지 않았습니다. 오히려 분노가 일어났습니다.
다윗은 이러한 자신이 놀라웠습니다. 다윗도 이전에 양을 치면서 사자나 곰의 위협을 겪은 적이 있었습니다. 그 때도 다윗은 그들과 싸웠지만 마음속에는 두려움이 있었습니다.
그러나 지금은 달랐습니다. 그는 어떤 강인한 힘과 권위가 그를 붙잡고 있는 것을 느꼈습니다. 그것은 성령의 기름 부으심이었습니다. 그의 마음은 담대함과 전의로 충만해졌고 몸은 가볍고 산뜻했으며 머리도 맑았습니다.

다윗은 형들에게 그의 자신감을 토하였습니다. 형들은 예상대로 그를 비웃고 욕했습니다. 자신들은 두려워서 싸울 엄두를 내지 못하고 있는데 동생이 와서 큰 소리를 치고 있으니 자존심이 상할 만도 했습니다.
그러나 다른 사람들이 다윗의 말을 사울에게 보고하였습니다. 다윗은 사울의 앞에 서게 되었습니다. 그리고 사울의 격려와 함께 드디어 전쟁터에 나가게 되었습니다.

싸움은 순식간이었습니다. 다윗은 골리앗이 공격하기를 기다리지 않았습니다. 다윗은 골리앗에게 달려가며 물매로 돌을 던졌습니다.
싸움은 의외로 싱겁게 끝났습니다. 이마에 정통으로 돌을 맞은 그는 다시는 일어나지 못했습니다. 다윗은 골리앗의 칼을 빼어서 그를 죽였습니다.
그것은 전쟁의 승패에 결정적인 역할을 하였습니다. 전황은 순식간에 뒤바뀌었습니다. 블레셋의 군사들은 충격을 받고 달아나기 시작했으며 조금 전까지 벌벌 떨던 이스라엘은 사기가 충천하여 그들을 쫓고 공격하였습니다.

다윗은 하루 종일 싸우면서도 피곤한 줄을 몰랐습니다. 그의 안에서 어떤 힘이 그를 움직이는 것 같았습니다. 마치 손이 스스로 움직이는 것 같았고 걸음은 공중 위를 걷고 있는 것 같았습니다. 마치 바람이 뒤에서 그를 밀어주고 받쳐주는 것 같이 느껴졌습니다.

그것은 너무나 신나고 멋진 하루였습니다. 그는 성령의 기름 부으심이 어떤 것이라는 것을 확실하게 알 수 있었습니다. 그는 이제 달라져 있었습니다. 그는 이제 더 이상 예전의 초라한 목동이 아니었습니다.

전쟁을 마치고 돌아올 때 여인들이 모든 성에서 나와서 춤을 추고 환영하며 이와 같이 노래했습니다.
"사울의 죽인 자는 천천이요 다윗은 만만이로다"
어떻게 그렇게 순식간에 다윗의 소문이 퍼진 것일까요? 당시에는 인터넷도 없었는데 말입니다.
아무튼 다윗은 너무나 기뻤고 행복했습니다. 성령의 기름 부으심 안에서 사는 것은 너무나 행복하고 승리와 권능으로 가득한 삶이라는 것을 그는 알게 되었습니다.
그러나 여인들의 춤과 노래를 듣고 있던 사울의 얼굴이 일그러지는 것을 그는 보지 못했습니다. 그리고 이때부터 비극이 시작되는 것을 그는 알지 못했습니다. 이 날은 다윗에게 있어서 그저 기쁘고 행복한 최상의 날이었을 뿐입니다.

10. 승리의 비결은?

여기서 한 가지 중요한 사항을 살펴보고 넘어가기로 합시다. 초라한 외형을 가진 전투 경험이 없는 목동이 당대 최고의 전사를 물리쳤습니다.

게다가 그는 비무장 상태였습니다. 사울이 그에게 군복과 갑옷과 칼을 주었지만 다윗은 그것이 너무 커서 자기의 체격과 맞지 않아 거절했습니다. 그가 사용한 무기는 정말 허접하기 짝이 없는 몇 개의 돌멩이였습니다. 그나마 그는 가지고 있던 돌멩이를 다 쓰지도 않았습니다. 그는 겨우 한 개의 돌을 던진 것에 불과했습니다.

그 초라한 무기로 완전 무장을 한 골리앗의 갑옷이나 투구나 방패를 뚫을 수 있을까요? 또한 그가 아무런 방패나 갑옷이 없이 골리앗의 무서운 창날을 피할 수 있을까요?

그가 던진 돌이 갑옷으로 덮여있지 않은 유일한 공간인 이마에 맞지 않았다면, 예를 들어 투구나 방패에 맞았다면 돌멩이는 부서지거나 튕겨나갔을 것입니다. 그런데 돌멩이는 그 유일한 골리앗의 약점인 그 곳에 정확하게 맞았습니다. 마치 아킬레스의 발뒤꿈치를 찌르듯이 말입니다.

이것을 어떻게 해석해야 할까요? 이것은 기적일까요? 아니면 운이 좋은 것일까요? 움직이는 골리앗을 먼 거리에서 달려가며 돌을 완전히 맞출 수 있을 정도로 다윗의 무공이 절정인 것일까요?

우연히 맞았다면 그 확률은 얼마나 되는 것일까요? 멀리 떨어진 거리에서 움직이는 사람이 움직이는 대상의 한 작은 부분을 맞출 확률은 얼마나 되는 것일까요? 무명의 목동이 세계적인 투사와 싸워서 이길 확률은 얼마나 되는 것일까요?

질문은 복잡한 것 같지만 대답은 단순합니다. 그리고 우리는 모두 그 정답을 알고 있습니다. 그렇습니다. 그것은 확률적으로는 가능한 일이 아닙니다. 그러나 하나님이 다윗과 함께 하셨으며 다윗은 그것을 믿었다는 사실입니다.

하지만 당시에 하나님을 믿은 사람은 많이 있었습니다. 이스라엘에 용사들도 많이 있었습니다.

그런데 왜 그들은 다윗처럼 담대하지 못했을까요? 왜 그들은 골리앗 앞에서 사시나무처럼 떨면서 싸울 생각도 하지 못하고 달아난 것일까요?

여기서 정답은 좀 더 분명해집니다. 승리의 비결은 바로 하나님의 함께 하심이며 그것은 곧 기름부음을 통해서 이루어진다는 것입니다. 정확하게 말해서 승리의 비결은 바로 기름부음입니다. 그 외의 다른 비결은 없습니다. 어떤 이는 다윗이 평소에 물매 돌을 많이 연습하여 달인이 되었기 때문이라고 합니다. 평소에 양들을 지키기 위해서 맹수와 싸우며 훈련이 되어있었기 때문이라고 합니다.

하지만 만일 다윗이 기름부음을 받지 못했다면 다윗은 그 싸움에서 승리할 수 없었을 것입니다. 다윗에게 자신감을 주고 용기를 주고 그의 손과 팔을 움직이고 주장하며 그를 이기게 하신 것은 그에게 임한 기름부음이었습니다. 승리의 비결은 그 외에 다른 데에 있지 않습니다.

사울도 기름부음 안에 있을 때는 블레셋을 이겼습니다. 그러나 기름부음이 떠나자 그는 이기기는커녕 싸우고 싶은 마음조차도 생기지 않았습니다. 그는 전의 상실의 상태에 있었습니다.

이 싸움은 단순히 두 사람의 싸움인 것 같지만 사실은 영적인 전쟁이었습니다. 다윗이 등장하기 전까지 이스라엘은 골리앗의 배후에 있는 악한 영들의 세력에게 눌려 있었습니다. 능력과 기름부음이 없었기 때문에 그들의 영은 약하여 악령의 힘으로 채워져 있는 골리앗을 보기만 해도 두려움에 사로잡히게 되었던 것입니다.

골리앗의 힘은 단순히 힘이 센 것이 아니었습니다. 그는 마귀가

준 능력을 가지고 있었습니다. 이스라엘을 해하기 위하여 마귀가 그에게 기름을 부었던 것입니다.

그러므로 이스라엘은 그 악령의 힘에 눌려 있었습니다. 그리고 골리앗과 그 배후에 있는 악령의 능력을 깨뜨릴 수 있는 사람은 오직 기름부음을 받은 사람뿐이었습니다.

이 상황은 오늘날도 비슷합니다. 오늘날에도 여전히 신자와 믿지 않는 자들 사이에 영적 전쟁이 있습니다. 현실의 배후에 보이지 않는 세계에서 전쟁이 벌어지고 있습니다. 전쟁에 이긴 자는 풍성한 삶을 누리며 영의 힘이 약하여 전쟁에서 패한 자는 눌리고 두려워하며 낙심하고 좌절하며 슬픈 인생을 살게 됩니다.

승리는 오직 하늘에서 옵니다. 그것은 기름부음에서 오는 것입니다. 다윗은 비록 육적으로는 연약하였지만 그는 하늘에서 오는 기름부음을 충만하게 받았습니다. 그러므로 넉넉하게 승리할 수 있었던 것입니다.

오늘날의 그리스도인들도 기름부음을 얻는 자는 이 어렵고 피곤한 삶 속의 전쟁에서도 승리할 수 있을 것입니다. 세상을 이기는 그리스도인이 될 수 있을 것입니다.

승리의 비결은 오직 기름부음입니다. 기름부음의 능력입니다. 그 은총을 얻는 자는 항상 승리와 영광의 간증 속에서 살아갈 수 있게 될 것입니다.

11. 재난의 시작

기름부음이 임한 후에 다윗은 더욱 더 지혜로워졌고 자신감과 힘이 넘쳤습니다. 그의 안에서 샘솟듯 하는 기쁨과 행복감이 계속 일어나고 있었습니다.
좋은 일은 계속 일어났습니다. 믿음과 용맹으로 널리 이름이 알려진 요나단이 그의 절친한 친구가 되었습니다. 사울 왕의 아들인 요나단은 다윗에게 진실한 친절을 베풀며 다윗이 알지 못하던 여러 일들, 사람들을 어떻게 대해야 하는지, 왕궁의 법규 등에 대해서도 가르쳐 주었습니다.
백성들도 다윗을 인정해주고 사랑했습니다. 다윗이 가는 곳마다 그를 칭송하며 기뻐했습니다. 다윗은 마음이 아주 즐거웠습니다. '기름 부으심이란 이런 것인가. 기름 부으심을 받은 후에 좋은 일들, 행복한 일들이 많이 생기는구나.' 그는 그렇게 생각했습니다.

하지만 갑자기 어처구니없는 상황이 생겼습니다. 다윗의 인기에 대하여 불쾌하게 여기던 사울 왕이 갑자기 다윗을 해하려고 그에게 창을 던진 것입니다. 다윗은 민첩하게 그 창을 피하였으나 그것은 다윗에게 큰 충격을 주었습니다.
다윗은 사울 왕이 정신병을 앓고 있다는 사실을 알고 있었습니다. 그래서 가끔 발작을 하기도 한다는 것을 알고 있었습니다. 하지만 그의 발작과 분노의 대상이 자기가 되리라고는 생각하지 못했습니다.

다윗은 이 일이 우연한 실수로 한 번 일어난 것이라고 생각했습니다. 또 사울의 딸인 미갈을 아내로 맞이하게 되어서 다윗은 사울의 사위가 되었습니다. 그는 장인이 사위에게 더 이상 공격을 하지는 않을 것이라고 생각했습니다.
하지만 얼마 후에 사울은 다시 한번 그에게 창을 던졌습니다. 그리고 미갈의 집으로 도피한 그를 잡으려고 군사를 보냈습니다. 다윗은 비로소 문제의 심각성을 느끼게 되었습니다. 그것은 장난이 아니었습니다. 사울은 정말로 다윗을 죽이려고 하고 있었습니다. 다윗은 미갈의 도움으로 간신히 창문으로 도망을 쳤습니다.

다윗은 진실한 친구 요나단을 통해서 사울의 본심을 알고자 했습니다. 그리고 그 결과 사울이 다윗을 정적으로 여기고 죽이기로 굳게 결심한 것을 알게 되었습니다.
어쩔 수 없이 다윗은 왕궁을 떠나기로 결심했습니다. 갑자기 계획에도 없이 왕궁 생활을 시작한 것처럼 그는 갑자기 왕궁에서 떠나야 하였습니다. 살아남기 위해서 그것은 어쩔 수 없는 일이었습니다.

그는 마지막으로 들판에서 사랑하는 친구 요나단을 만났습니다. 그것은 가슴아픈 이별이었습니다. 짧은 만남이었지만 그들의 우정과 사랑은 아주 깊었던 것입니다.

그들은 서로 껴안고 울었습니다. 울면서 서로를 축복하면서 그들은 헤어졌습니다. 그들은 서로 사랑하며 함께 삶을 나누고 교제하기를 원했지만 같이 있을 수 없었습니다. 그리고 그것이 그들의 마지막 만남이었습니다.

다윗은 왕궁을 떠나 방랑의 여행을 시작했습니다. 애당초 왕궁은 그와 맞지 않았는지도 모릅니다. 그는 애초에 그가 양을 치던 곳으로, 그에게 익숙한 들과 산으로 목적도 없이 방향도 없이 처량하게 걸어가기 시작했습니다.

그의 평탄한 삶에 기름부음이 왔을 때 그것은 놀랍고 아름다운 일이었지만, 승리와 영광을 가져오는 것이었지만, 또한 고난과 아픔의 훈련이 시작되는 계기가 되는 것이었습니다. 기름부음에는 고난과 훈련이 따르는 것입니다. 경험하기 전까지 다윗은 그것을 알 수 없었습니다.

12. 비참한 도피 생활

도피 생활은 쉽지 않았습니다. 다윗은 처음에 왕궁을 떠나기만 하면 모든 것이 끝나는 것이라고 생각했습니다. 그는 이전의 조용한 삶으로, 아무도 주목하지 않았던 고요한 삶으로 돌아가 양을 치면서 살 수 있을 것이라고 생각했습니다.
거기에는 화려함은 없었지만 풀밭을 뒹굴면서 기도하고 찬양하며 그 가운데 하나님의 임재하심을 누릴 수 있었습니다. 그것은 조용하고 행복한 삶이었습니다. 다윗은 그 생활로 다시 돌아가고 싶었습니다.

그러나 다윗은 그러한 꿈이 정말 꿈에 지나지 않다는 것을 곧 알게 되었습니다. 그에 대한 사울 왕의 추격은 집요했습니다. 사울은 다윗이 평안한 삶으로 돌아갈 수 있는 것을 허용하지 않았습니다. 그는 가장 강력한 그의 정적을 제거하고자 했습니다. 다윗은 이미 전국에 지명 수배가 되어 있었습니다. 그가 가는 곳마다 그를 잡기 위해서 병사들이 찾아왔습니다. 이제 그는 고향과 친구 집과 그가 아는 모든 곳에 갈 수 없었습니다.

한 나라에 살면서 그 나라의 왕에게 추적을 당한다는 것은 말할 수 없는 고난이 따르는 삶이었습니다. 다윗은 거의 어디에서도 휴식을 취할 수 없었습니다. 그는 사무엘도 찾아갔지만 그도 더 이상 다윗의 피난처가 되지 못했습니다. 광기에 가득 차 버린 사울은 이미 사무엘의 말도 듣지 않았습니다.

누구도 다윗을 도울 수 없었습니다. 다윗에게 친절하게 대하는 사람이 있으면 사울은 그들도 찾아내어 죽였습니다. 다윗은 아무에게도, 어디도 갈 데가 없었습니다. 그는 계속 사울과 그의 군사를 피하여 도망을 했지만 그에게 더 이상 안전한 곳은 없었습니다.

이스라엘에서 피할 곳을 찾을 수 없었던 다윗은 할 수 없이 블레셋으로 도망을 하게 되었습니다. 그것은 어처구니없는 일이었습니다. 바로 얼마 전에 그는 이스라엘을 위하여 블레셋의 강력한 용사 골리앗을 죽였기 때문입니다.

다윗은 가드 왕을 만나게 되자 곧 자신이 위기에 빠졌음을 알게 되었습니다. 가드 왕과 신하는 다윗이 그들의 강력한 적인 것을 잘 알고 기억하고 있었습니다.

다윗은 이곳도 그의 피난처가 될 수 없음을 알았습니다. 그는 살아남기 위하여 미친 사람 흉내를 냈습니다. 그리하여 간신히 그 위기에서 벗어날 수가 있었습니다.

간신히 목숨을 건지고 그 지경에서 나오면서 다윗의 마음은 낙담으로 가득했습니다.
 '내가 목숨을 부지하기 위하여 기껏 미친 사람 흉내를 내면서까지 살아있어야 하는가? 내가 겨우 이렇게 살기 위하여 기름부음을 받았는가? 아.. 나는 과연 살아 남을 수 있을 것인가.. 적국에도 나는 원수가 되어 있고 조국에도 나는 원수가 되어 있구나.. 나는 어디로 가야 한단 말인가?
 거기에는 답이 없었습니다.
 그는 자신의 인생이 새로운 방향으로 가게 된 결정적인 계기가 되었던 그 날의 일을 생각했습니다. 그가 사무엘에게 기름부음을 받고 나서부터 이러한 모든 일이 시작되었던 것입니다. 기름부음의 결과 그는 권능을 얻게 되었으며 이스라엘의 대적을 제거하고 승리를 안겨주었습니다. 그리고 백성들에게 인기를 얻게 되었습니다. 하지만 동시에 그는 목숨의 위협을 지속적으로 받게 되었습니다.
 '차라리.. 이런 것인 줄 알았더라면.. 기름부음을 받지 않았을 텐데.. 이러한 대가를 지불해야 한다는 것을 내가 미리 알았더라면..'
 낙담한 다윗은 고개를 떨어뜨리고 다시 새로운 장소를 향하여 떠났습니다. 갈 곳은 없지만 그래도 어디론가 그는 가야만 했습니다. 공격을 피해서, 추적을 피해서 살아남기 위해서 말입니다.

13. 도망자 떼거리들

도망자의 신분이 되어 여기 저기를 유리방황 하는 것은 쉬운 일이 아닙니다. 그런데 또 문제가 생겼습니다. 혼자서 도망을 하는 것도 쉬운 일이 아닌데 어느 덧 그를 따라 다니는 무리들이 많이 생겼던 것입니다.

맨 처음에 온 사람들은 다윗 집안의 식솔들이었습니다. 그들은 처음에는 다윗을 좋아하지 않았지만 이제는 다윗으로 인하여 그들도 사울의 미움을 받고 있으므로 살기 위해서는 어쩔 수 없이 다윗과 운명을 같이 해야한다고 느끼고 있었습니다.

그 다음에는 사울의 정권 밑에서 불이익을 당하고 있었던 사람들이었습니다. 빚진 사람, 억울한 사람들이 다 그에게로 모였습니다. 그 숫자는 자그마치 400명이나 되었습니다.

다윗은 어쩔 수 없이 그들을 거느리는 장군이 되었습니다. 다윗은 쓴웃음을 지었습니다. '기껏 기름 부음을 받은 결과가 이런 사람들의 장군이 되는 것인가?' 그는 어처구니가 없었습니다. 하지만 다윗은 그들을 물리칠 수 없었습니다. 그는 억울함이 어떤 것인지 잘 알고 있었습니다. 아무런 이유도 없이 사랑을 빼앗기고 우정을 빼앗기고 꿈을 빼앗긴다는 것이 어떤 것인지 잘 알고 있었습니다.

그는 상한 마음으로 그에게 나아온 사람들의 손을 잡고 위로하며 말했습니다.

"걱정 마시고 나와 함께 있으시오. 나와 같이 있으면 안전할 겁니다. 하나님이 함께 계시니까요."

다윗 또한 마음이 상한 사람이었습니다. 그는 버림받고 억울한 대접을 받으며 살아온 사람이었으며 또한 지금은 기름부음을 받음으로 인하여 고난을 겪고 있는 사람이었습니다. 그러므로 같은 처지에 있는 이들을 이해할 수 있었으며 그들을 돕고 싶어 했습니다.

상황은 아직 암울했습니다. 비록 지도자가 되었지만 이들을 어떻게 인도할지 어떻게 먹여 살려야 할지도 막연하기만 했습니다.

하지만 다윗은 알지 못했습니다. 이렇게 초라한 사람들이 모여서 장차 위대한 하나님의 왕국, 다윗의 왕국을 형성하게 된다는 사실을 말입니다. 지금은 비록 한심스럽고 초라한 사람들이지만 그들은 많은 훈련과 고난을 겪으며 훌륭한 장수들로 변모하였습니다. 그리고 다윗의 중요한 친위대를 구성하였던 것입니다.

하지만 그것은 먼 훗날의 일이었습니다. 아직 그들은 도망자 떼거리에 지나지 않았습니다. 군대로 치자면 그들은 오합지졸이었습니다.

아직 그들에게는 걸어 가야할, 통과해야할 훈련과 고난이 많이 있었습니다. 오직 그 훈련을 통과하는 자에게만 풍성한 새 역사가 임하게 되는 것입니다.

14. 기름부음과 하나님의 임재

다윗은 사울을 피해서 열심히 도망을 다녔지만 전국 어디에도 안전한 곳은 없었습니다. 사울은 다윗이 있다는 정보만 얻으면 곧 바로 군사를 이끌고 그를 잡으러 왔습니다.
그것은 정말 피곤한 여행이었습니다. 다윗은 수도 없이 마음이 아프고 상했습니다. '도대체 그가 나와 무슨 원한 관계가 있다고 나를 죽이려고 하는가? 내가 그에게 잘못한 일이 무엇인가? 내가 한 일은 이스라엘을 구원하고 그를 돕기 위해서 블레셋의 장군을 쓰러뜨린 것밖에 없지 않은가?' 그런 억울한 상념들이 계속적으로 다윗을 괴롭혔습니다.

그는 사울에게 그렇게 따지고 싶은 마음이 굴뚝같았습니다. 하지만 그는 고개를 흔들었습니다. 그는 사울을 거역하거나 대적할 수 없었습니다.
그 이유는 단 한 가지였습니다. 사울은 기름부음을 받은 자였기 때문입니다. 그도 자신과 같이 하나님이 선택하시고 기름부음을 받은 사람입니다. 기름부음의 면에서 그는 자기보다 선배이며 앞선 사람이었습니다. 다윗은 사울을 대적하는 것은 기름부음을 대적하는 것이며 이는 기름부음을 주신 하나님을 대적하는 것이라고 생각했습니다. 그러므로 다윗은 감히 사울과 싸울 엄두를 내지 못하였고 기껏 그가 할 수 있는 것은 사울과 부딪치는 일이 없도록 도망을 다니는 것뿐이었습니다.

다윗은 기름부음을 받은 후에 생긴 자신의 변화를 생각해보았습니다.
내적으로는 많은 긍정적인 변화가 있었습니다. 그에게 전과 비할 수 없는 능력이 임했고 자신감과 담대함이 임했습니다. 하나님에 대한 갈망이 더 많아지고 기도와 찬양을 드릴 때 더 많은 기쁨이 오는 것을 느끼게 되었습니다.
다만 외적인 환경은 오히려 더 나빠졌습니다.
블레셋의 장군을 이기는 바람에 백성들의 인기를 얻게 되었고 그 결과 사울 왕의 시기와 미움을 받게 되었습니다. 그리하여 항상 쫓기게 되어 목숨의 부지가 쉽지 않은 상태가 되었습니다.

기름부음이 임할 때 환경은 오히려 더 나빠질 수 있으며 원수들의 공격을 받을 수 있다는 것을 다윗은 알게 되었습니다. 기름부음에는 대가의 지불이 필요했던 것입니다.
그러나 환경의 고통에도 불구하고 기름부음의 또 다른 놀라운 유익이 있었습니다. 그것은 하나님의 임재가 아주 가깝고 친밀하게 느껴지며 하나님께서 그의 기도를 들으시고 음성으로 말씀하신다는 것이었습니다.

다윗이 그일라 지방 근처에 있을 때 그는 블레셋 군사들이 그일라를 침공한 이야기를 들었습니다. 그는 하나님께 물었습니다.
"주님.. 제가 블레셋 사람을 치고 그일라 주민들을 구원해줄까요?"
하나님은 즉시 그렇게 하라고 말씀하셨습니다. 그러나 다윗의 부하들은 떨었습니다. 우리 주제에 어떻게 블레셋 군사들과 싸움을 할 수 있느냐고 그들은 다윗을 만류했습니다.
다윗은 다시 하나님께 물었습니다. 하나님의 응답은 선명했습니다.
"그일라로 내려가라. 내가 블레셋 사람을 네 손에 붙일 것이다"
(삼상23:4)

다윗은 하나님의 말씀대로 하였고 그 결과 풍성한 승리를 거두었습니다. 다윗은 깨닫게 되었습니다. 환경이나 사람들의 말을 듣지 않고 오직 하나님의 음성을 들을 때 그에게 승리가 온다는 것을 말입니다. 그런데 그 놀라운 하나님의 음성이 다윗이 기름부음을 받은 후에는 더욱 더 강력하고 선명하게 들리고 느껴졌던 것이었습니다. 그것은 기름부음의 놀라운 은총이었습니다.
다윗이 그일라에 있는 것을 사울이 알고 잡으러 왔지만 이 때도 다윗은 하나님의 음성과 응답을 통해서 피할 수 있게 되었습니다.

하나님의 임재, 하나님의 함께 하심, 그의 음성.. 그것들은 기름 부으심을 통하여 다윗에게 온 아주 귀중한 선물이며 은총이었습니다. 다윗에게 비록 환경적으로는 고난과 환란이 많이 있었지만 영적으로는 아주 풍성하고 충만한 은총이 있었습니다.
기름부음으로 인하여 환경에 환란이 오고 시험이 온다고 해도 이 내적인 충만함, 하나님과의 가까움을 얻을 수 있다면 그것은 모든 재앙과 어려움들을 극복하는 능력이 될 것입니다. 다윗은 바깥으로는 고통스러웠습니다. 그러나 안으로는 기쁨과 평안과 하나님의 임재를 느꼈습니다. 그것이 기름 부음의 결과였습니다.
다윗은 서둘러 그일라를 떠났습니다. 이 때쯤에는 그를 추종하는 이들이 600명으로 늘어나 있었습니다. 다윗은 서서히 하나의 세력을 형성하기 시작했습니다.

15. 기도만이 절대절명의 피난처

다윗은 오랜 동안의 도피 생활에 몹시 지쳤습니다. 그는 지붕이 있는 곳에서 잠을 잘 수 없었습니다. 그는 사방이 트여있는 곳, 빠져나갈 퇴로가 있는 곳에서야 휴식을 취할 수 있었습니다. 그러한 곳은 산이나 벌판밖에 없었습니다. 그는 마치 짐승과 같이 이슬을 맞으며 웅크려 잠을 잘 수밖에 없었습니다.
무엇보다 피곤한 것은 정신적인 불안감이었습니다. 언제 들이닥칠 지 모르는 사울의 군대, 쫓는 자에 대한 마음의 부담감이 떠나지 않았습니다. 몸도 피곤했지만 그보다 더 힘든 것은 마음의 고통이었습니다.

그의 안전한 피난처는 어디에 있는 것일까요? 그는 비로소 알게 되었습니다. 사울이 왕으로 있는 이스라엘에는 그가 어디에 있어도 안전하지 않다는 것을 말입니다. 또한 이방 나라에도 그는 여전히 적이었습니다. 그렇다면 그의 피난처는 어디였을까요? 그것은 바로 기도였습니다. 기도만이 다윗의 피난처가 되어 주었습니다.

기도하고 찬양하며 하나님의 임재 앞에 머물러 있을 때 그것만이 다윗에게 안전감과 안식을 주었습니다. 진정한 휴식은 물질적인 공간에 있는 것이 아니라 하나님의 임재 앞에 있는 것임을 다윗은 체험으로 분명하게 알 수 있었습니다.

어려움이 있을 때마다 인생의 위기 때마다 다윗은 기도하고 시를 쓰며 하나님을 바라보고 찬양하였습니다.
나중에 압살롬이 그를 대적하여 공격할 때도 시를 썼으며 죄를 짓고 나단에게 지적을 받은 후에도 그는 회개하는 시를 썼습니다.
절박한 절대절명의 순간에도 시와 기도는 그의 대처 방식이었고 유일한 무기였습니다. 그의 시는 바로 기도였고 그의 기도는 바로 시였습니다. 미갈의 집에 숨어있는 다윗을 사울이 잡으러 왔을 때도 그는 하나님께 기도하며 시를 썼습니다. 그는 그를 잡으려는 군사들이 온 집을 뒤지며 찾고 있을 때 집의 한 구석에 숨어서 하나님께 살려달라고 기도하며 시를 썼습니다.

적들에게 잡혔을 때에도 다윗은 기도하고 시를 썼으며 사람들이 다윗의 위치를 사울에게 신고할 때에 그 소식을 들었던 다윗은 기도하는 시를 썼습니다.
위기 중에서 쓰여진 다윗의 가장 인상적인 기도 시는 아마 57편일 것입니다. 다윗은 사울을 피하여 굴속에 숨어있었고 사울은 그를 추적하고 있었습니다.
그것은 집요한 추적전이었습니다. 사울이 산의 이편으로 추적하면 다윗은 산의 저편으로 돌아가며 대피하였습니다. 추적자의 발걸음은 아주 가까이 있었습니다. 사울의 입장에서는 다윗을 거의 다 잡았다고 생각했을 것입니다.(삼상23:26)
다윗은 도피하다가 황무지에 이르러 한 굴을 발견하게 되었습니다. 그리하여 그 굴속으로 숨어 들어갔습니다. 그들은 굴속으로 깊이 들어가 안도의 한숨을 내쉬었습니다.
하지만 그들의 신변은 안전하지 않았습니다. 다윗을 추적하고 있던 사울도 그 굴을 발견했던 것입니다. 사울도 그 굴속으로 들어왔습니다.

다윗과 그의 추종자들은 굴 바깥에서 사람의 소리가 들리는 것을 느꼈습니다. 그들은 그 소리가 사울과 그의 군사들, 추적자들의 소리인 것을 알았습니다. 그들은 놀라며 두려워했습니다. 그들은 일제히 숨을 죽이며 기다리고 있었습니다.
잠시 후 추적자들의 발자국 소리가 들려왔습니다. 다윗의 일행들은 숨이 멎는 것 같았습니다. 이제는 모든 것이 다 끝이 났다고 생각했습니다.

이 때 다윗은 기도하였습니다. 그의 목숨은 바람 앞에 등불과 같았습니다. 발자국 소리는 점점 더 가까워졌고 다윗은 더 이상 도망갈 데가 없었습니다. 죽음의 그림자가 코앞까지 다가오고 있었습니다. 다윗은 그의 유일한 피난처인 하나님께 간절하고 애타는 마음으로 기도하였습니다.

"하나님이여 나를 긍휼히 여기시고 나를 긍휼히 여기소서 내 영혼이 주께로 피하되 주의 날개 그늘 아래서 이 재앙이 지나기까지 피하리이다" (시57:1)

그것은 정말이지 절박한 기도였습니다. 마지막 순간에 목숨을 걸고 드리는 기도였습니다. 다윗이 의지할 것은 오직 주님의 날개, 주님의 도우시는 손길뿐이었습니다. 그는 하나님이 역사하셔서 사울의 눈을 가려 굴 안에 있는 다윗을 보지 못하도록 기도할 수밖에 없었습니다.

그런데 그 순간 기적이 일어났습니다. 갑자기 가까이 다가오는 발걸음 소리가 멈추어버린 것입니다. 바깥에서 이런 소리가 들렸습니다.

"이 굴은 꽤 깊은 것 같군. 이제 우리도 이쯤에서 휴식을 취하기로 하세. 다윗이 근처에 있는 것이 분명하니 내일 아침 일찍이 일어나 다시 수색해보기로 하지.."

왜 그들은 불과 몇 걸음만 가면 되는 데 갑자기 발걸음을 멈춘 것일까요? 불과 얼마 전에도 사울은 다윗을 거의 잡을 뻔하였을 때 블레셋 사람이 이스라엘을 침공하였다는 소식을 듣고 수색을 포기하고 돌아간 적이 있었습니다.

누가 과연 이렇게 위기 때마다 다윗을 구원하는 것일까요? 그것은 바로 하나님이셨습니다. 다윗은 눈물이 흐를 것 같았습니다. 기도할 때마다 하나님이 그의 소리를 들으시고 응답하셔서 다윗의 생명을 지키시는 것이 너무나 확실했기 때문입니다.

이제 위기는 지나갔습니다. 가까이서 사울과 그의 몇 군사들이 잠자리를 준비하는 소리가 들렸습니다.

아직 충분히 안전하지는 않았습니다. 다윗과 그의 일행들은 사울의 일행이 충분히 잠이 들 때까지 기다려야 했습니다. 그들은 숨을 멈추고 소리를 죽인 채 고요히 기다려야 했습니다.

그 자리에 그렇게 얼어붙은 상태로 숨을 죽인 채 다윗은 조용히 눈물을 흘리며 주님께 감사와 찬양을 드렸습니다. 하나님이 그의 피난처가 되시고 그를 지켜주신다면 그는 어떤 두려움이나 위험이 있어도 능히 헤쳐나갈 수 있을 것입니다. 그의 마음은 하나님에 대한 신뢰와 감사와 평안으로 가득하였습니다.

16. 위기는 기회

위기는 지나갔습니다. 사울과 그의 일행들은 모두 다 깊이 잠이 들었습니다. 다윗과 그의 사람들은 굴의 깊은 곳에서 나와 사울이 잠들어 있는 모습을 가만히 지켜보았습니다.
다윗의 부하들이 말했습니다.
"다윗이여, 이건 정말 좋은 기회입니다. 이제 드디어 우리에게 기회가 왔습니다. 이것은 하나님께서 우리에게 주신 기회입니다. 어서 그를 죽이십시오."
다윗은 순간 흔들렸습니다. 부하들의 말대로 사울을 죽이고 그가 겪고 있는 모든 고난을 끝내야 할까 그는 망설였습니다. 그는 사울의 옷자락을 조금 베었습니다.

그러나 다음 순간 그는 머리를 흔들었습니다. 그는 그에게 임하여 있는 기름 부음이 손상되는 것을 느꼈습니다. 그는 사울을 해할 수 없었습니다. 그는 말했습니다.
"안 된다. 이 사람은 하나님이 기름 부으신 사람이다. 비록 지금 그가 잘못된 행동을 하고 있다고 하더라도 그것은 하나님이 판단하실 일이지 내가 할 일이 아니다."
그는 부하들이 사울을 해하지 못하도록 막고 그들과 함께 굴을 나왔습니다.

아침이 되었습니다. 사울은 잠이 깨어 굴에서 나왔습니다. 다윗이 멀리서 사울을 불렀습니다. 그는 손에 조금 전에 베었던 사울의 옷자락을 들고 있었습니다. 그는 멀리서 사울에게 엎드려 절을 한 후에 말했습니다.
"사울 왕이여! 왜 저를 죽이려고 하십니까! 저는 당신을 해하려고 하지 않습니다. 이 옷자락을 보십시오. 제가 원했다면 당신을 해할 수 있었을 것입니다. 그러나 저는 그렇게 하지 않았습니다. 저는 앞으로도 왕을 결코 해하지 않을 것입니다. 그런데 왜 이렇게 저를 쫓으십니까!"

다윗의 말을 들은 사울은 깜짝 놀랐습니다. 그는 다윗의 손에 있는 자신의 옷자락을 보고 다윗의 말이 사실인 것을 알았습니다. 다윗이 정말 원했다면 자신이 죽었을 것이라는 사실을 그는 알았습니다. 그는 소리 높이 울며 그의 잘못을 사죄했습니다.
"다윗아! 나는 너를 해롭게 하되 너는 나를 선대하는 구나! 하나님이 너의 행한 대로 선하게 갚으실 것이다. 나는 네가 이스라엘의 왕이 될 것을 안다. 부탁하노니 그 때에 나의 후손들을 불쌍히 여기기를 원하노라"

다윗은 그의 부탁을 듣고 그렇게 할 것을 약속하고 맹세했습니다. 사울은 다시 왕궁으로 돌아가고 다윗도 다시 길을 갔습니다.

그렇다면, 이제 사울이 회개하고 많은 사람들 앞에서 자기의 잘못을 시인하였으므로 문제는 끝난 것일까요? 이제 다윗은 사울의 고백을 믿고 다시 예전의 삶으로 돌아가면 되는 것일까요? 아닙니다. 다윗은 사울의 고백을 받아들였지만 그의 말을 믿지 않았습니다. 다윗은 사울이 조금 시간이 지나면 다시 그를 쫓아와서 죽이려 할 것을 알고 있었습니다.
그는 사울이 살아있는 한 자신은 여전히 도피생활을 해야 하는 것을 잘 알고 있었습니다. 아직 그의 여행은 끝난 것이 아니었습니다.

왜냐하면 사람의 삶은 한 순간에 변화되는 것이 아니기 때문입니다. 사울은 잠시 충격을 받았지만, 그러나 회개란 간단한 것이 아닙니다. 한번 은혜를 받았다고 해서 지금까지 살아온 악한 행실과 습관이 순식간에 끝나는 것은 아닙니다.
변화의 길은 멀고 긴 것입니다. 변화되는 삶은 한 순간에 가능한 것이 아니라 간절하고 꾸준하게 날마다 자신을 부인하며 걸어가는 사람들에게 조금씩 이루어지게 되는 것입니다.

사울은 아직 그러한 수준과 상태가 되는 사람이 아니었습니다. 그는 아직도 자기애로 가득한 사람이었고 자신의 이름과 명예와 모든 것을 포기할 수 없는 사람이었습니다.
다윗은 그것을 알고 있었습니다. 그러므로 그는 사울의 말을 받아들이기는 했지만 믿지 않고 다시 도피의 여행을 계속했던 것입니다.
다만 그가 그 선택의 순간에서 옳은 쪽을 선택했다는 것은 영원히 남을 것입니다. 그는 그의 손으로 원수에게 보복하지 않았습니다.
그는 그것을 하나님의 손에 맡겼습니다. 그 때문에 자신은 좀 더 고생의 길을 걸어야 하지만 그래도 그는 선하신 하나님의 판단에 모든 것을 맡겼습니다.
비록 지금은, 아직은 고난의 길이 남아있지만 하나님께서는 다윗의 그러한 아름다운 믿음의 선택, 자기 부인의 선택을 기쁘게 보시고 기억하실 것입니다.
다윗은 이렇게 조금 씩 조금 씩 고난과 훈련의 과정을 아름답게 통과하고 있었습니다. 비록 그 순간이 그에게는 너무나 고통스럽게 느껴진다고 하더라도 말입니다.

17. 반복되는 시험

다윗의 예측은 옳았습니다. 사울은 울고 사죄한지 얼마 지나지 않아서 다시 다윗을 추적하기 시작했습니다.
다윗은 산 가까이 있는 광야 황무지에 진을 치고 있었는데 사울이 그를 따라 황무지에 들어오고 있다는 보고를 받았습니다.
다윗은 한숨이 나왔습니다. 도대체 언제까지 이 지긋지긋한 술래잡기를 계속 해야 하는지 속이 상했습니다.
다윗은 충실한 부하 몇 사람과 함께 밤에 사울의 진영에 침입했습니다. 사울은 정신을 못 차리고 잠이 들어있었습니다.

다윗과 부하들이 소리 없이 스며들듯이 적의 진영에 들어왔기 때문에 사울의 부하들은 아무도 그것을 눈치채지 못했습니다. 다윗은 이제 다시 사울의 목숨을 해할 수 있는 위치에 있게 되었습니다.
부하들은 다시 다윗을 독촉했습니다. 이제야말로 사울의 목숨을 빼앗을 좋은 기회라고.. 한번만 창으로 찌르면 된다고, 제발 허락해달라고 부하들은 탄원하고 있었습니다. 그들도 이제 더 이상 이렇게 피곤한 여행을 계속 하고 싶지 않았습니다. 다윗은 갈등하고 있었습니다. 정말 부하들의 말대로 사울을 제거하는 것이 좋을지 고민스러웠습니다. 사실 그가 깊은 밤 사울의 진영에 살짝 침투한 것을 보면 그에게 그러한 생각이 조금이라도 있었는지도 모릅니다.

지난번에는 워낙 짧은 시간이라 굴속에서 급히 나와야 했었습니다. 그러나 지금은 시간이 충분합니다. 여유 있게 위험도 없이 사울을 제거할 수 있었습니다. 그리고 이미 지난번에 사울에게 한번 기회를 주었었기 때문에 지금 그를 죽인다고 해서 그를 비난할 사람은 없을 것입니다. 일방적으로 악을 행한 것은 사울이고 다윗은 억울한 입장이라는 것을 모든 사람들이 알고 있었기 때문에 아무도 그를 비난하지 않을 것입니다.

다윗은 갈등했습니다. 그도 이제 이 지긋지긋한 도피 여행을 끝내고 싶었습니다. 아.. 어떻게 해야 하는 것일까요? 그것은 다윗에게 마지막 시험이었는지도 모릅니다.
마치 이런 소리가 어디선가 들려오는 듯 했습니다.
"빨리 끝장을 내 버려!
이것은 하나님이 주신 좋은 기회야!
전에 네가 기회를 버렸더니 하나님이 다시 기회를 주셨잖아! 어서 끝내버려!

더 이상 그렇게 구차한 삶을 살지 말아!
빨리 너의 환란에서 벗어나! 어서!"

다윗은 고개를 흔들었습니다. 그는 사울을 해할 수 없었습니다. 그는 지난번에 사울을 죽이지 않겠다고 약속하고 하나님께 맹세했습니다. 그는 약속을 지켜야 했습니다. 무엇보다도 그의 안에 있는 기름부음이 움직이지 않았습니다. 기름부음을 준 영은 기름부음을 받은 자를 공격하지 않았습니다. 비록 그 기름부음을 받은 자가 타락하고 범죄의 길을 가고 있었다해도 말입니다. 심판주는 오직 하나님이셨습니다. 그것은 다윗이 관여할 문제가 아니었습니다.

다윗은 조용히 부하들에게 말했습니다.
"하나님이 모든 것을 보고 계신다. 하나님이 직접 그를 다루실 것이다. 내 손으로는 그렇게 할 수 없다. 내가 그를 건드리면 나도 죄 있는 자가 될 것이다. 여기서 그의 창과 물병만을 가지고 가자"
다윗과 부하는 사울의 창과 물병만을 가지고 그 자리를 떴습니다.
물병과 창을 가지고 간 것은 일종의 경고와 같았습니다.
물은 그에게 생명을 주는 것이며 창은 그를 보호하는 것입니다. 그것들을 가져가는 것은 그의 생명이 안전하지 않다는 것을 경고하는 것입니다. 지난번에 옷을 벤 것도 마찬가지 의미였습니다.

다윗은 서둘러 부하와 함께 사울의 진영을 떠났습니다.
그는 이제 마지막 시험을 이긴 것입니다.
누구나 빨리 자기의 시험과 환란을 통과하고 싶어합니다. 누구나 어떤 방법을 써서든지 지금 겪고 있는 고통에서 벗어나고 싶어합니다.
그것은 다윗도 마찬가지였습니다. 그러나 다윗은 결국 타협하지 않았습니다. 모든 억울함과 환란 가운데서도 그는 하나님의 방법대로 하기를 원했습니다. 그는 자기의 손으로 문제를 해결하고 싶지 않았습니다. 그는 모든 것을 하나님의 손에 맡겼습니다.
오랜 세월 동안 그가 겪어왔던 시련과 환란의 세월이 이제 끝나가고 있었습니다. 그리고 그것을 거의 마무리짓는 것이 이번의 시험이었습니다. 물론 다윗은 그 사실을 알지 못했습니다. 그는 아직도 많은 시험과 훈련이 남아있을 것이라고 생각했습니다. 많은 환란이 더 남아있어도 그저 어쩔 수 없이 그 길을 가야할 것이라고 그는 생각했습니다.

아침이 밝았습니다. 사울은 다윗이 또 다시 그의 진영에 다녀간 것을 알게 되었습니다.

이번에도 사울은 큰 소리로 잘못을 시인하고 다윗에게 사죄하였으며 그를 축복하였습니다. 그리고 왕궁으로 돌아갔습니다. 그러나 다윗은 역시 사울의 말을 믿지 않았습니다. 조금 지나면 사울은 다시 자신을 추적할 것을 알았습니다. 그는 다시 먼 곳으로 도피를 시작했습니다.

다윗은 아직도 많은 시험이 남아있다고 여겼습니다. 그러나 이제 시험의 끝이 다가오고 있었습니다.

18. 타협은 오히려 상황을 더 복잡하게 한다

다윗은 함께 있는 600명의 사람들과 함께 사울을 피하여 블레셋 지방의 가드로 갔습니다. 사울이 있는 한 이스라엘에서는 갈 곳이 없다고 생각했기 때문입니다.(삼상27:1)
다윗은 사울의 추적이 너무나 지긋지긋하여 거기에서 벗어나기 위해서 적국을 선택하였습니다. 하지만 그것은 과연 옳은 선택이었을까요? 다윗은 적국 블레셋에서 난감한 상황에 빠지게 됩니다.

다윗은 전에도 가드 왕 아기스를 대한 적이 있었습니다. 그 때 그는 살기 위하여 미친 척하고 침을 흘리며 간신히 위기에서 탈출했습니다. 다윗은 그 때의 수치, 그 때의 굴욕을 잊어버린 것일까요? 아니면 사울의 괴롭힘이 너무나 지긋지긋해서 차라리 이방의 사람이 나을 지도 모른다는 생각을 하게 된 것일까요? 신자가 같이 주님을 믿고 있는 신자에게 상처를 받은 후 실족하여 신앙에 대하여 마음을 닫고 오히려 불신자들에게 마음을 여는 경우가 있습니다. 그것은 합당한 일일까요? 물론 아닙니다.

그러한 이들은 더 많은 고통과 환란을 당하게 됩니다. 이는 신자와 불신자가 근본적으로 영계의 소속이 다르기 때문입니다. 천국에 속한 사람이 지옥에 속한 영들과 같이 있으며 그들을 의지하고 교제하려 할 때 결코 좋은 일은 생기지 않습니다. 지옥의 악령들은 천국에 속한 사람들에게 결코 호의적이지 않습니다. 그것은 사람의 문제가 아니라 배후에 있는 영들의 문제입니다.

항상 순종은 어려우며 타협은 쉬운 일인 것처럼 보입니다. 아브라함도 하나님이 가나안에 머무르라고 했지만 기근이 왔을 때 애굽으로 도망을 갔습니다. 그것은 기근의 문제를 해결할 수 있는 쉬운 방법인 것처럼 보였습니다.
하지만 타협은 항상 더 복잡하고 어려운 일을 가져왔습니다. 아브라함은 곧 위기에 직면하게 되었고 거짓말로 위기를 모면하려다가 아내 사라를 빼앗기게 되었습니다. 타협을 하면 일이 쉽게 풀리는 것이 아니라 더 복잡한 문제가 많이 일어나게 됩니다.

아무튼 다윗은 블레셋으로 도망을 갔습니다. 그는 사울을 상대하느니 가드 왕 아기스를 상대하는 것이 낫다고 생각했습니다. 아기스는 다윗을 보았지만 다행하게도 더 이상 다윗을 적으로 여기지 않았습니다. 그는 다윗이 블레셋의 장수를 죽인 것은 이미 오래된 일이며 또한 지금은 다윗이 사울 왕에게 쫓기고 있는 형편인 것을 알므로 더 이상 블레셋의 적이 아니라고 판단한 것 같았습니다.

아기스는 오히려 다윗을 선대해주었습니다. 그는 다윗의 행실을 보고 그를 믿음직하게 여겨 다윗이 자기의 충실한 부하가 되기를 기대하였습니다.

하지만 다윗은 아기스의 호의로 인하여 어쩔 수 없이 그에게 충성을 해야하는 어정쩡한 입장이 되고 말았습니다. 하나님의 기름 부음을 받고 그 결과로 적국의 장수가 되어야 한다니 이는 정말 난감한 일이었습니다. 하지만 다윗이 블레셋을 선택한 이상 이미 그 상황에서는 다른 방법이 없었습니다.

그런데 더욱 더 난감한 상황이 닥치게 되었습니다. 다윗이 일시적으로 몸을 의탁하고 있는 가드 왕 아기스가 이스라엘을 치기 위하여 전쟁을 일으켰던 것입니다.

정말 난처한 상황이었습니다. 다윗은 일단 아기스에게 자신도 전쟁에 참여하겠다고 대답했습니다. 아기스도 그것을 만족스러워했습니다.

하지만 상황은 간단한 것이 아니었습니다. 다윗이 블레셋의 일원이 되어서 조국 이스라엘을 치게 되다니.. 이것은 기가 막힌 일이 아닐 수 없었습니다.

다행하게도 아기스의 다른 부하들이 반대해서 다윗은 조국을 향한 정복 전쟁에서 빠지게 되었습니다. 다윗은 표면적으로는 불만인 것처럼 표현을 했지만 속으로는 하나님께 감사를 드렸을 것입니다. 그는 속으로 크게 안도의 숨을 들여 마셨을 것입니다. 만약 하나님께서 상황을 바꾸어 주시지 않으셨다면 어떻게 되었을까요.. 그는 조국의 군사들에게 칼을 휘둘러야 했을 것입니다. 얼마 전까지 기름부음을 받은 자를 해칠 수 없다고 말하던 다윗이 그들을 향해서 죽기 살기로 싸워야 했을 것입니다.

다윗은 비로소 깨달았을 것입니다. 아기스는 비록 호인이고 다윗에게 은혜를 베풀었지만 근본적으로 그와는 뿌리가 다른 존재라는 것을 말입니다. 아기스는 이방인이었으며 다윗이 머리를 의탁할 대상은 아니었던 것입니다. 다윗은 좋으나 싫으나 사울에게 시달림을 받으면서 이스라엘에서 버티어나가야 했었던 것입니다. 비록 목숨이 경각에 이르는 상황에 계속 접해야할지라도 말입니다.

블레셋에 몸을 담고 있자 여러 가지 좋지 않은 상황이 계속 생겨났습니다. 다윗이 아말렉과 전투를 벌이는 와중에서 잠시 틈을 보였을 때 그들이 침공하여 다윗과 부하들의 아내와 자녀들을 다 사로잡아 갔던 것입니다.
다윗은 하나님께 묻고 기도하여 응답을 받고 간신히 그들을 추적하여 여자들과 아이들을 구원하고 잃은 것을 되찾았습니다. 상황은 그럭저럭 끝이 났습니다. 그러나 다윗의 마음은 피곤하기 그지없었습니다. 그는 이스라엘에 속한 사람이었습니다. 사울을 통한 훈련이 아무리 괴롭고 힘들어도 그는 이스라엘로, 유대로 돌아가야 했습니다. 그가 이곳에 계속 남아있는다면 여전히 다른 문제들이 끊이지 않을 것입니다.

다윗이 마음을 추스르고 있는데 갑자기 한 가지 소식이 들어왔습니다. 그것은 이스라엘의 왕 사울이 블레셋과의 전쟁에서 죽었다는 놀라운 전갈이었습니다.

그것은 다윗에게 실로 엄청난 충격이었습니다. 갑자기 한 순간에 모든 상황이 끝난 것입니다. 한 순간에 그의 모든 골치 거리가 해결되었던 것입니다. 이제 그는 더 이상 쫓기지 않아도 됩니다. 사랑하는 고향에도 다시 돌아갈 수 있습니다. 지난 세월의 모든 고통들, 위기의 순간들이 주마등처럼 순식간에 스쳐 지나갔습니다. 다윗은 갑자기 온 몸에 힘이 빠지는 것을 느꼈습니다.

다윗은 그 자리에 주저앉았습니다. 그리고는 흐느껴 울기 시작했습니다. 그것은 기쁨과 슬픔, 후련함과 아쉬움이 함께 섞여있는 무엇이라 표현하기 어려운 눈물과 흐느낌이었습니다.

19. 기름부음의 완성, 통곡하는 다윗

다윗은 사울의 죽음을 알린 사람을 심문하였습니다. 어떻게 사울의 죽음을 알게 되었느냐고 물었습니다. 그는 대답하기를 사울의 부탁을 받고 자기가 직접 그를 죽였다고 대답했습니다. 그의 말은 사실이 아니었습니다. 사울은 스스로 칼에 엎드러져 죽었던 것입니다. (삼상31:4)
보고를 한 사람은 다윗이 사울에게 오랫동안 시달림을 받았음을 알고 자기가 사울을 죽였다고 보고하면 다윗에게 상을 받을 줄로 생각하였습니다.
그러나 그것은 오해였습니다. 다윗은 "네가 어찌하여 하나님의 기름부음 받은 자를 죽였느냐"고 꾸짖고는 그를 죽였습니다. 그리고는 옷을 찢으며 저녁까지 울고 금식하였습니다.

사울의 죽음으로 인하여 다윗의 고난의 세월은 드디어 끝나게 되었습니다. 다윗은 하루 종일 통곡했습니다. 지난 세월의 모든 회한이 떠올랐습니다.
다윗이 무서워한 것은 오직 사울이었습니다. 천하의 골리앗도 그 어떤 장수도 그는 두려워하지 않았습니다. 하나님이 함께 하시므로 그는 어떤 전쟁에서도 두려워하지 않았으며 이길 수 있다고 생각했습니다. 그러나 사울은 예외였습니다. 그는 하나님의 기름부음을 받은 사람이었기 때문입니다. 그러므로 그는 사울을 대항해서 싸울 수 없었고 오직 달아날 수밖에 없었습니다. 싸우면 이길 수 있었지만 그는 달아나야만 했습니다.

이제 그를 유일하게 괴롭히던 사람은 사라졌습니다. 그러나 사울의 죽음이 단순히 다윗에게 기쁨만을 준 것은 아니었습니다. 다윗은 사울과 오랜 애증의 관계를 가지고 있었습니다.
다윗을 처음 등용한 사람은 사울이었습니다. 그는 질병의 치유를 위하여 초라한 목동 다윗을 왕궁으로 초청했습니다. 그리고 그를 환대해주었습니다.
골리앗과 싸울 수 있도록 그에게 전투를 허락한 것도 사울이었습니다. 모든 사람들이, 심지어 그의 형들까지도 다윗에게 화를 내고 비웃었지만 사울은 다윗을 격려하며 최선을 다해 골리앗과 싸우라고 용기를 주었습니다. 다윗을 하나님의 이름으로 축복하면서 자신의 군복과 투구, 갑옷을 다윗에게 주기도 했습니다.
그는 다윗에게 고마운 사람이었습니다. 친절한 사람이었습니다. 다윗은 사울의 인자한 모습을 기억할 수 있었습니다.
그러나 다윗이 골리앗을 이기고 백성들의 인기를 차지하게 되면서부터 모든 것이 달라지기 시작했습니다. 사울은 그를 두려워하고 경계하기 시작했습니다. 얼마 가지 않아서 그를 대적하고 죽이려고 시도하였습니다.

왜 그는 그렇게 갑자기 바뀌게 되었던 것일까요. 그것은 아마 집착일 것입니다. 그는 다른 사람에게 자기의 자리를 빼앗기고 싶지 않았습니다. 자기의 위치와 기름부음을 빼앗기고 싶지 않았던 것입니다.
그것은 시기와 질투에서 온 것이었습니다. 오늘날에도 많은 기름부음을 받은 이들이 이 시기와 질투의 영에서 벗어나지 못하고 있습니다.

오직 자신이 하나님께 쓰임을 받아야 하며 자신만이 하나님의 사람이 되고 싶은 마음.. 그렇기 때문에 다른 사람이 하나님께 쓰임을 받는 것을 견디지 못하고 대적하는 것.. 그것은 어느 시대에서나 있었던 사역자들의 욕심이었습니다. 자신만이 영성인이며 자신에 속한 무리들만이 특별한 존재가 되기를 원하는 것, 그것은 영성을 추구하는 이들이 흔히 쉽게 범하곤 하는 문제였습니다. 사울도 그러한 범주에서 벗어나지 못했습니다. 그는 하나님을 사랑했지만 또한 자신의 위치와 지위와 명예와 인기를 더 사랑하였습니다.
다윗이 그를 피하여 달아났을 때 사울은 끈질기게도 그를 추적하였습니다. 그 추격이 너무나 집요하여 다윗은 도저히 그의 손에서 벗어날 수 없을 것이라고 느꼈습니다. 다윗을 견디게 한 것은 오직 기도뿐이었습니다. 기도만이, 하나님만이 온 세상에서 유일한 그의 피난처였습니다.

하지만 많은 고통의 시간을 보낸 다윗이 사울의 죽음 앞에서 흐느껴 울면서 문득 깨닫게 된 사실이 있었습니다. 그것은 그에게 있었던 모든 일 가운데 하나님의 인도하심과 간섭이 있었다는 것입니다.

다윗은 비로소 깨닫습니다. 그가 받은 기름부음은 왕의 기름부음이었으며 그 기름부음은 한번 받음으로서 그 순간에 이루어지는 것이 아니라 수많은 시험과 훈련을 통과함을 통해서 이루어지는 것이라는 사실을..
지금까지의 훈련은 바로 그 기름부음을 위해서, 왕이 되기 위한 훈련이었음을.. 그가 겪었던 지난날의 모든 억울함과 시련은 그 훈련의 과정이었으며 하나님께서는 사울을 그 교관으로 사용하셨음을..

사울은 다윗을 더욱 더 하나님의 사람으로 만들기 위하여 하나님이 허락하신 악역의 사람이었습니다. 물론 사울은 스스로 그 악역을 자처하였고 선택하였습니다. 그러므로 그는 하나님께 핑계 댈 수 없을 것입니다. 그러나 그의 악한 역할은 다윗의 심령을 더욱 더 정결하고 순수하게 단련시켜주었습니다. 사울의 역할을 통하여 억울함과 분노와 절망과 씨름하면서 다윗은 더 깊은 주님께 대한 사모함과 열망에 사로잡히게 되었던 것입니다. 다윗은 사울로 인하여 자기 안에 얼마나 많은 억울함이 있는지, 분노가 있는지, 인간적인 애정이 있는지, 유아적인 연약함이 있는지 보게 되었습니다. 그리고 그러한 모든 요소들은 왕이 되기 전에 처리 받아야 할 부분들이었습니다.

다윗은 이제 그 모든 시험을 통과했으며 사울의 역할이 끝이 났을 때 비로소 하나님이 그 시험거리를 제거하셨음을 깨닫게 되었습니다. 그는 이제 오랜 시험에서 드디어 합격 증서를 받게 되었던 것입니다.

한 때 그렇게도 지겨워했던, 피하고 싶었던 사람, 사울의 죽음 앞에서 다윗은 한없이 흐느껴 울었습니다. 그는 이제 오히려 사울에게 감사하고 싶은 마음이었습니다. 그는 수없이 되뇌었습니다.

"사울, 사울이여.. 나는 당신 덕분에 이 자리에 있습니다. 당신이 아니었더라면.. 당신의 훈련이 아니었더라면.. 나는 지금의 위치에 있을 수 없었을 것입니다.."

이제 기름부음은 옮겨졌습니다. 지루했던 훈련은 드디어 끝났습니다. 다윗이 겪었던 각종 훈련들, 억울함을 견디며 인내하는 훈련, 이유 없이 미움과 핍박을 받는 훈련, 절대절명의 순간에 기도하는 훈련, 오직 사람이 아닌 하나님만을 의지하는 훈련, 복수할 수 있을 때 그것을 거절하고 하나님의 손에 의탁하는 훈련, 사랑과 그리움을 모두 주께 맡기고 모든 운명을 하나님의 손에 맡기는 훈련..
그가 통과한 그 모든 훈련의 과정들은 이제 앞으로 그가 맡겨진 나라를 통치하는 데에 있어서 아주 귀중한 깨달음과 힘이 될 것입니다.

사울의 죽음 이후 모든 것이 스르르 풀려나갔습니다.
다윗은 곧 유다의 성으로 돌아갔습니다. 다윗은 점점 더 강성해 졌습니다. 날마다 유력한 사람들이 찾아왔습니다. 그들은 서로 다윗을 왕으로 세우려고 경쟁을 했습니다. 사울의 집은 점점 더 약하여졌으며 다윗은 얼마 지나지 않아 드디어 왕이 되었습니다. 사무엘에게서 받은 기름부음이 드디어 온전하게 이루어졌던 것입니다.
사실 그것은 사울이 죽었을 때 이미 이루어진 것이나 마찬가지였습니다. 그 때 이미 다윗은 실질적으로 이스라엘의 왕이 된 것이었습니다.

사울의 죽음 앞에서 통곡하던 다윗은 그 당시의 충격과 교훈을 결코 잊지 않을 것입니다. 하나님으로부터 기름부음이 왔을 때 그것을 소중하게 간직해야 한다는 것, 그리고 기름부음을 완성하기 위해서는 훈련이 필요하며 날마다의 그러한 훈련에서 합격하고 통과해야 한다는 것, 그리고 하나님의 사람이 되기 위해서는 자기를 버리고 오직 주님과 주님의 뜻만을 추구해야 한다는 것..
그렇지 않고 기름부음과 하늘의 권능을 개인의 이익이나 위치, 명예를 위해서 사용할 때 비참한 결과가 올 수 있다는 것.. 그러한 교훈들을 다윗은 결코 잊지 않을 것입니다.

마침내 다윗의 기름부음은 완성되었습니다. 그는 이스라엘의 두 번째 왕이 되었습니다. 그리고 그의 가계를 통하여 영광의 왕이신 그리스도가 탄생하였습니다.
미천하고 보잘것없는 한 목동을 하나님은 선택하셔서 영광의 도구로 사용하셨습니다.
오늘도 여전히 하나님은 미천하고 부족하고 보잘것없는 사람들을 찾으시며 선택하시고 기름부으십니다. 그리고 그 기름부음이 온전해질 때까지 훈련하시고 다루십니다.
낮은 마음으로 주님을 사모하는 이들은 모두 다 주의 그 기름부음을 받게 될 것입니다. 그리고 그 시험과 훈련을 통과하는 이들은 주님의 도구가 되어 천국을 확장하고 주님의 영광을 드러내는 아름다운 통로로 쓰임 받게 될 것입니다.

20. 기름부음의 법칙

다윗이 받은 기름부음과 관련되어 지금까지 나누었던 기름부음의 법칙을 정리해보겠습니다.

1. 기름부음은 주님이 사용하시고자 하는 사람을 부르셔서 표시로 부어주시는 것입니다.
하나님은 낮고 부족한 자들을 선택하시고 불러주십니다. 다윗은 아무도 알아주지 않는 사람이었고 잔치에도 초대받지 못한 사람이었지만 하나님은 그를 부르셔서 기름 부어 주셨습니다.

2. 기름부음의 기준은 외모나 재능이나 지위가 아닙니다. 그것은 겸손함이며 진실함이며 그 중심에서 우러나오는 주님께 대한 갈급함, 갈망에 달려 있습니다. 다윗은 유능하고 뛰어난 사람이 아니라 주님 자신에 대한 갈망과 사모함이 극심한 사람이었습니다.

3. 기름부음은 마귀와 세상을 이길 수 있는 유일한 능력의 근원

입니다. 우리의 싸움은 혈과 육에 속한 것이 아니므로 오직 하늘의 능력과 기름부음을 얻는 자만이 승리의 영광을 누릴 수 있습니다. 힘으로도, 능으로도, 애씀으로도, 혈육으로도, 그 무엇으로도 되지 않지만 하나님의 신으로 기름부음을 받은 이들은 대적을 초토화시키며 승리의 기쁨을 누리게 됩니다.

4. 기름부음이 왔을 때 그것은 아름다움과 권능과 승리를 주지만 그것은 끝이 아닙니다. 그것은 오히려 시작입니다. 그는 기름부음을 받는 순간부터 그 기름부음을 사용할 수 있도록, 기름부음에 합당한 사람이 될 때까지 훈련을 받게 될 것입니다.

5. 그 훈련을 통과해야 합니다. 훈련의 대상을 미워해서는 안되며 사람을 미워해서는 안됩니다. 억울함의 훈련, 오해의 훈련, 순종의 훈련을 통과해야 합니다.
우리는 사람의 손에 있지 않고 하나님의 손안에서 다루어지는 것을 기억해야 합니다. 매순간에 하나님은 우리의 모습을 보시고 점수를 매기십니다. 한 가지, 한 가지의 훈련에 합격할 때 우리의 졸업은 가까워지게 됩니다.

6. 타협하는 것이 더 쉽게 보일 때도 있습니다. 고통의 근원을 제거하고 싶은 욕구가 일어날 수 있습니다. 그러나 타협은 결과적으로 상황을 더 복잡해지게 합니다. 그것은 훈련과 시험의 기

간을 길어지게 합니다. 오직 하나님의 손에 구원이 있으므로 그의 손에 자신을 의탁해야 합니다.

7. 기름부음으로 인하여 많은 환란이 일어날 수 있습니다. 핍박이 오고 환경에 어려움이 올 수 있습니다. 그러나 비록 일시적으로 바깥에 어려움이 있을 수 있지만 기름부음은 주님의 임재와 따뜻함을 가까이 느끼고 경험하게 합니다. 그것은 세상이 줄 수 없는 아름다움과 행복감, 주님과의 친밀감을 가져다줍니다. 그것은 기름부음이 가지고 있는 아름다운 요소입니다.

8. 기름부음은 같은 기름부음을 받은 자와 싸울 수 없습니다. 그것은 기름부음을 소멸시킵니다. 우리는 우리의 사소한 말과 행동이 기름부음을 소멸시킬 수 있다는 사실을 알아야 합니다. 그러므로 기름부음이 있을 때 함부로 행동해서는 안되며 사소한 언행과 생각을 주의하지 않으면 안됩니다. 기름부음을 약하게 하고 소멸시키는 그 어떤 행동도 해서는 안됩니다.

9. 기름부음과 기름부음에 따르는 능력은 인간적인 목적으로 쓰여져서는 안됩니다. 자신의 유익과 명예와 즐거움을 위해서 사용해서는 안됩니다. 자신을 버리고 오직 주님을 드러내야 하며 주님의 뜻을 이루어야 합니다.
자신이 쓰임 받는 것을 구하는 것보다 누가 쓰여지든 오직 하나님의 영광이 나타나고 하나님의 뜻이 이루어지기를 구해야 합니다. 기름부음을 육신적인 용도로 사용했을 때 사울은 버림을 받고 비참한 최후를 겪었습니다.

10. 많은 사람들이 기름부음을 받으나 사울과 같이 그 기름부음을 유지하는데 실패합니다. 기름부음을 받지만 그 기름부음을 사용하기 위한 훈련과 시험에 넘어집니다. 그리하여 기름부음을 완성하지 못합니다.

그러므로 우리는 갈급하고 사모하는 마음으로 기름부음을 구하고 받은 후에 또한 겸손하고 순종하는 자세로 그 모든 훈련을 통과하여 주님의 아름다운 도구, 통로가 되어야 합니다.

11. 기름부음을 구하십시오. 겸손한 마음으로 사모하십시오. 또한 그 후에 기름부음의 훈련을 통과하십시오. 그것은 우리가 천국의 사람이 되는 것이며 또한 천국을 사람들에게 보여주고 나누어주는 귀한 통로가 되는 것을 의미하는 것입니다.

21. 묵상

사랑하는 나의 자녀들아.
나의 기름부음을 구하라. 갈망하고 사모하여 구하라.
세상이 구하는 것을 구하지 말라.
사람의 인기나 명예나 지위를 구하지 말라. 편하게 살기를 구하지 말라. 그러한 것들은 영원한 것들이 아니니라.

오직 나를 구하라. 나의 마음과 나의 뜻을 구하라. 그러면 다른 모든 것들이 같이 따라오는 것을 보게 될 것이다.
갈망하고 간절히 구하라. 그러한 자들이 나의 기름부음을 받게 될 것이다. 그 기름부음을 받을 때 비로소 세상과 마귀를 이길 수 있다. 경험한 자들은 그 기름부음의 기쁨이 세상이 줄 수 없는 천국의 행복과 기쁨인 것을 알게 될 것이다.

나의 기름부음이 임한 후에 그것을 가벼이 여기지 말라.
그 기름부음에 순종하라. 그것을 유지하라. 소멸하지 말라. 나의 임재를 소멸하지 말라.

자기 성질대로 살지 말라. 자기 욕망대로 살지 말라. 기름부음을 받았다고 높은 마음을 가지며 자신을 높이지 말며 함부로 살지 말라. 그렇게 하다가 버림받고 실패한 이들이 많으니라.
기름부음을 받은 후에 세상의 영광을 구하지 말며 사람의 칭찬을 구하지 말라. 그것은 넘어지게 하는 올무와 같은 것이다. 함부로 말하지 말며 함부로 움직이지 말라. 오직 나의 임재를 유지하며 기름부음 안에서 움직이라. 그것이 생명을 풍성하게 할 것이다.

훈련이 길어도 순종하고 감사함으로 통과하라. 통과한 이들은 새로운 영역에 들어가게 될 것이며 나의 아름다운 도구가 될 것이다. 천국의 영광과 임재를 가까이 누리게 될 것이다.
마지막 승리의 순간까지 깨어 있으라. 오직 나를 구하고 나의 뜻을 구하며 갈망하고 순종하라. 사모하고 추구하는 이들은 더 깊고 놀라운 하늘의 은총을 누릴 수 있게 될 것이다.

3부 잘못된 애정의 종말

3부에 등장하는 인물은 다윗의 아들인 암논입니다.
이 사람도 다른 모든 사람들과 마찬가지로 자신의 인생에서 하나님의 뜻을 알아가고 발견해 가는 여행을 해야 하였습니다.
그러나 불행하게도 그는 하나님의 뜻을 찾지도 않았으며 따라서 발견하지도 못했고 영적으로 성장하지도 못하였습니다. 그것은 그가 젊은 시절의 어리석은 열정, 어리석은 욕망에 사로잡혔기 때문입니다.
영적으로도 물질적으로도 좋은 환경에서 자라난 그는 전혀 열매를 맺지 못하고 허무한 삶을 마감하고야 말았습니다.
이 사람의 실패는 오늘을 사는 우리 모두에게 좋은 도전이 될 수 있을 것입니다. 함부로 감정과 열정에 사로잡히는 것, 그러한 욕망을 사랑이라고 여기는 것이 얼마나 위험한 일인지를 보여줄 것입니다.
우리는 모두 주님께 속한 사람으로서 우리의 정과 욕심을 다 십자가에 못박아야 합니다. 그 때 우리는 주님의 뜻 가운데로 좀 더 가까이 나아갈 수 있게 될 것입니다.

1. 애정의 시작

암논은 다윗의 아들입니다. 그가 갑자기 사랑에 빠졌습니다. 그 애정의 대상은 압살롬의 동생인 다말이었는데 어처구니없게도 그녀는 배가 다른 자기의 동생이었습니다.
다윗에게는 7명의 부인들이 있었고 그 중 미갈을 제외하고는 다 자녀를 낳았기 때문에 자녀들이 많이 있었습니다. 20명 정도가 되었지요.
그러므로 자녀들은 한 핏줄이며 형제이지만 어머니가 달라서 따로 자랐기 때문에 별로 가족과 같은 느낌은 들지 않았을 것입니다.
그러나 어쨌든 이복누이이기는 하지만 자신의 누이동생을 사랑한 꼴이 되니 이는 난처한 일이었습니다.
압살롬과 다말은 그술 왕 달매의 딸인 마아가가 낳은 자녀들입니다. 압살롬은 남자지만 그 용모의 아름다움으로 유명한 사람이지요. 다말도 미인인 것을 보면 아마 그 어머니인 마아가가 뛰어난 미인인 모양입니다.
아무튼 중요한 것은 암논이 해서는 안 될, 이루어질 수 없는 사랑을 하게 되었다는 것입니다.

그가 비록 다윗의 아들이었고 왕자였지만 그러한 사랑이 합리화될 수는 없었습니다.

암논은 다윗의 맏아들이었고 압살롬은 세 번째 아들이므로 그가 형이었습니다. 그러나 압살롬은 아름다운 용모와 함께 지혜롭고 냉철한 사람이어서 암논은 그에게 함부로 할 수가 없었습니다.

암논의 사랑이 어떻게 시작되었는지는 알 수 없습니다. 그가 다말의 아름다운 용모에 어떻게 빠지게 되었는지, 아니면 그녀의 미소에 반한 것인지, 그녀의 영리함이나 독특한 매력에 빠진 것인지.. 그것은 알 수 없습니다. 그러나 아무튼 암논은 지독한 사랑의 열병에 빠지게 되었고 그것은 그의 삶 전체를 송두리째 바꾸어놓고 말았습니다.

2. 상사병이 생겼을 때

암논은 하루 종일 다말의 생각에 사로잡혀 있었습니다. 그녀를 생각하지 않는 순간이 없었습니다.
암논은 자주 그녀의 숙소 근처를 어정거리며 그녀의 얼굴을 잠시라도 볼 수 있기를 기대했습니다. 밤이 늦어 그녀의 방에 불이 꺼지면 그는 혼자 어두움 속에서 한참을 있다가 쓸쓸히 집으로 돌아오곤 했습니다.
그의 가슴에는 그녀가 가득했습니다. 그의 가슴은 아파서 터질 것 같았습니다. 그녀를 보고 그녀의 웃는 얼굴을 보고 같이 있을 수 있으면 얼마나 좋을까.. 그는 그러한 상념에 사로잡혀서 긴긴 밤 동안 잠을 이룰 수 없었습니다.
그녀의 영상이 그의 마음을 사로잡아서 그는 아무 것도 할 수 없었습니다.

차츰 모든 것이 귀찮아졌습니다. 입맛도 사라졌습니다. 잠도 오지 않았습니다. 의욕이 사라졌습니다. 사냥을 나가고 벗들과 좋은 시간을 보내려고 해도 집중이 되지 않았습니다. 그의 눈은 멍하니 허공을 더듬고 있을 뿐이었습니다.
그는 자기가 병에 걸린 것을 알았습니다. 그것은 불치의 병이었습니다. 아니, 그것은 치유가 가능한 병이었습니다. 그것은 오직 한 가지의 방법으로만 치유가 가능했습니다. 그것은 다말의 얼굴을 보는 것이었습니다.
하지만 그것은 가능한 일이 아니었습니다. 이루어질 수 없는 애정, 그 사랑 때문에 암논의 가슴은 멍들어 가고 있었습니다. 순간 순간 그녀가 보고 싶은 마음이 속에서 불쑥 불쑥 올라왔고 그럴 때마다 그의 가슴은 찢어질 것 같았습니다.

"암논이 그 누이 다말을 인하여 심화로 병이 되니라" (삼하13:2)

심화.. 가슴에 불이 붙었다는 말입니다. 화병이 생겼다는 말이지요. 그는 상사병에 걸리고 말았습니다. 마음의 소원을 이루지 못해서 가슴이 망가져 버린 것입니다.
상사병.. 그것은 좋은 것일까요.. 아마 여성들은 누군가가 자기로 인하여 상사병에 걸렸다고 한다면 감동을 받을 것입니다. 좋아할 것입니다. 만약에 상대방이 좀 괜찮은 사람이라면 더 마음이 좋아지겠지요. 자신이 그 사람을 별로 좋아하지 않는다고 해도 '그 사람이 그 정도로 나를 사랑한다면. 내가 아니면 그 사람이 죽을 지도 모른다는데.. 그 정도라면. 사람을 살리는 셈치고..' 아마 이런 마음이 들것입니다.

하지만 상사병에 걸리는 것은 좋은 일이 아닙니다. 그것은 그 사람이 나약한 마음과 나약한 정신을 가지고 있음을 보여줍니다. 그것은 인격적으로나 영적으로 미숙하고 연약한 상태에 있을 때 생기는 것입니다.

상사병에 걸리는 이들은 집착이 많으며 영적으로 정신적으로 눌려있는 것입니다. 그것은 진실한 애정이라고 보기 어렵습니다.

그러한 이들의 마음을 받아주어 결혼에 이르는 여성들은 후회를 할 가능성이 높습니다. 그는 남편이 사소한 일에도 툭하면 좌절하고 낙심하며 엎드러져 있는 것을 보게 될 것입니다. 열정적인 애정을 가지고 있으면서도 그것을 표현조차 하지 못하고 가슴에 묻어두어 병이 되는 사람이 대인관계나 일에 있어서 유능하기란 어려운 일입니다. 자신의 마음을 자연스럽게 표현하지 못하는 사람은 어떤 일에도 유능할 수 없습니다. 특히 대인관계에서 어려움을 겪게 될 것입니다.

그러한 것은 다 영적 미성숙에 의한 것이며 영혼이 발전하고 성장하게 되면 몸과 마음도 같이 변화되며 활기 있고 새로운 삶을 살게 됩니다.

상사병에 걸릴 정도로 다말을 좋아했던 암논.. 그는 자신의 문제를 가지고 하나님께 나아갔을까요? 이 문제를 가지고 기도를 했을까요? 일단 그도 신앙의 배경에서 자라났으니 말입니다.

이런 이야기가 있습니다. 어떤 그리스도인 학생이 동료 여학생을 몹시 사랑했습니다. 그는 그 여학생에게 여러 가지 방법으로 애정을 표현했습니다. 그러나 여학생은 그의 애정을 거부하며 좋은 반응을 보이지 않았습니다.
고통으로 가슴이 멍들은 그 남학생은 어느 목사님을 찾아가 상담을 했습니다. 어떻게 하면 좋겠느냐고 물었습니다.
목사님은 학생에게 물었습니다.
"이 문제를 하나님께 기도해보았는가?"
학생은 쑥스러워서 대답했습니다.
"안 했는데요. 왠지 기도하기가 쑥스러워서.."
"이 사람아. 하나님께 기도하지 못할 문제가 어디 있는가. 그는 우리의 아버지이시네. 그러므로 이 문제를 하나님께 맡기고 하나님의 뜻을 구해보도록 하세."
목사님은 기도를 시작하였습니다.
"하나님.. 이 학생이 그 여학생을 많이 좋아합니다. 이것이 하나님의 뜻이라면 그 여학생도 이 학생을 같이 사랑하도록 해주십시오."
듣고 있던 학생은 큰 소리로 '아멘!' 을 외쳤습니다.
목사님은 다시 기도했습니다.
"만약 이 애정이 하나님의 뜻이 아니라면 이 학생의 마음속에서 그 사랑하는 마음이 사라지도록 해주십시오."
학생은 아주 작은 목소리로 '아멘..' 을 했습니다. 기도를 마치고 학생은 돌아갔습니다.
그리고 며칠 후에 학생이 목사님께 뛰어와서 말했습니다.
"목사님, 감사합니다! 하나님의 응답을 받았습니다!"
목사님은 물었습니다.
"그래? 하나님이 어떻게 응답을 해주셨는가?"
"예. 하나님께서 두 번째 방법으로 역사해 주셨습니다. 그래서 제 마음속에 그 여학생에 대한 마음이 완전히 사라져버렸습니다! 지금 제 마음이 너무나 편안합니다. 정말 감사드립니다, 목사님."
학생은 기뻐하면서 그 자리를 떠났습니다.
학생은 그 여학생을 만나서 즐거운 마음으로 고백을 했습니다. 너를 몹시 사랑했고 그래서 마음이 괴로웠는데 기도를 해보니 하나님이 역사하셔서 너에 대한 마음이 완전히 사라지게 되었다, 그래서 이제는 너를 더 이상 괴롭히지 않겠다, 그 동안 미안했다.. 이런 이야기를 했습니다. 그런데 이야기를 듣고 있던 여학생이 학생에게 말하기를 다시 생각해보라고.. 다시 기도해보라고 했다고 합니다. 그래서 문제가 조금 이상해지게 되었습니다.

그 이후의 이야기는 어떻게 되었는지 모르지만 아무튼 분명한 것은 우리의 문제를 하나님께 가지고 나아가서 기도할 때 하나님은 그것을 들으시고 응답하신다는 사실입니다. 애정이든 상사병이든 무엇이든 말입니다. 우리의 감정과 애정을 하나님께 맡길 때 그것이 가장 아름다운 사랑을 할 수 있는 비결이 되는 것입니다.

암논이 이 학생처럼 그 문제를 가지고 기도했다면 얼마나 좋았을까요. 우리의 모든 문제를 아버지처럼 돌보시고 살피시는 모든 지각에 뛰어나신 하나님께 맡겼다면 얼마나 좋았을까요.
그러나 암논은 기도하는 사람이 아니었습니다. 그는 위대한 영성의 사람, 하나님의 마음에 합한 사람 다윗의 아들이었지만 아버지의 신앙과 영성을 물려받지는 못했습니다.
신앙과 영성이란 낮고 천한 곳에서 절망과 갈망 속에서 마음의 가난함 속에서 일어나는 것입니다. 다윗은 그러한 사람이었습니다. 낮고 천한 곳에서 주님을 갈망하는 사람이었습니다.
그러나 암논은 달랐습니다. 그는 왕궁에서 편하게 자라났습니다. 그는 배가 부른 사람이었습니다. 그는 기도의 세계, 갈망의 세계에 대해서 알지 못했습니다.

심화로 인하여 힘들어하고 있는 그에게 요나답이라는 친구가 찾아왔습니다. 그는 왜 이렇게 요즘에 얼굴이 창백해져 가느냐고, 어디가 아프냐고, 무슨 문제가 있느냐고 물었습니다.
요나답은 지혜롭고 꾀가 많은 사람이었습니다. 그러나 선하게 지혜로운 것이 아니라 악한 지혜가 많은 사람이었습니다.

마음을 터놓을 데가 없던 암논은 친절하게 접근하는 그에게 마음을 열었습니다. 그리고 자기의 고민을 이야기하였습니다.
요나답은 웃었습니다. 뭘 그 정도를 가지고 고민을 하느냐고 그는 용기를 주었습니다. 그것은 내게 맡기라고 요나답은 자신만만하게 말했습니다. 요나답의 표정을 보면서 암논은 처음으로 희망이 생겼습니다. 그는 마치 죽음에서 살아나는 것처럼, 어둠 속에서 빛을 찾은 것처럼 요나답의 이야기에 귀를 기울였습니다.
앞의 학생이 문제가 있을 때 목사님을 찾아가고 기도했던 것처럼 암논이 기도의 사람, 하나님의 사람에게 도움을 요청했으면 얼마나 좋았을까요. 그는 암논에게 기도를 가르치며 하나님의 뜻을 구하도록 가르쳤을 것입니다.
그러나 암논의 주변에는 그러한 사람이 없었습니다. 그는 선한 친구, 믿음의 친구를 사귀지 않았습니다. 그것은 그의 성품과 경향이 신앙과 영성을 좋아하지 않았기 때문입니다. 그는 선한 사람, 신실한 신앙인을 싫어하는 사람이었습니다.
잘못된 애정, 그리고 잘못된 교제, 악한 사람과의 친밀함, 그러한 자를 의뢰하고 믿은 것.. 이러한 요소들이 암논의 삶을 차츰 파멸의 길로 이끌고 있었습니다.

3. 치사한 계교

암논의 친구 요나답이 암논에게 가르쳐준 방법은 거짓의 계책이었습니다. 원하는 것을 성취하기 위하여 꾀를 사용하라는 것입니다. 그는 다윗 왕을 이용하라고 권했습니다. 직접 다말에 접근하는 것은 쉽지 않지만 다윗 왕이 직접 다말에게 명령을 한다면 그녀도 순종할 수밖에 없을 것이라고 그는 속삭였습니다.

"왕이 명령을 하도록 하라고? 하지만 왕이 그런 명령을 하실 턱이 있나.. 그럼 내 마음을 직접 왕에게 고백하라는 말인가?"
"아니지요. 그렇게 하다가는 혼이 나실 것입니다. 그냥 아픈 척만 하고 있으면 됩니다.
중병이 걸린 것처럼 집에 들어가 누워 계세요. 그러면 왕이 방문을 하실 것입니다. 그 때 몸이 아프다고 말하고 다말이 음식 솜씨가 좋으니 다말이 차려주는 음식을 먹으면 좋아질 것 같다고 아픈 표정으로 구슬프게 말하면 됩니다. 왕은 강한 사람에게 강하시지만 여리고 약한 사람, 아픈 사람들에게는 많은 동정심을 가지고 있지요. 그것을 이용하는 것입니다."

"하지만, 나중에 왕이 그것을 알게 된다면? 내가 꾀병을 부렸다는 사실이 알려지면 왕이 진노하실 텐데.."
"그럴 일은 없습니다. 설사 무슨 일이 있다해도 다말이 그것을 왕에게 보고하겠습니까? 그렇게 하면 누구 망신인데요.. 아무 걱정 마십시오. 왕은 절대 알 수 없고 아무런 일도 없을 것입니다. 위험하다면 제가 어찌 감히 이런 이야기를 드릴 수 있겠습니까? 저를 믿으세요. 저는 오직 왕자님이 걱정이 되어서 하는 말입니다. 그렇게 아무 대책 없이 그냥 앓기만 하시면 정말 몸만 상하십니다."

요나답의 말은 그럴 듯 했습니다. 그리고 안전한 방법으로 보였습니다.
암논은 단순한 사람이었습니다. 그는 욕망은 있었으나 그것을 어떻게 해야할지 몰랐습니다. 그는 단순히 끙끙 앓을 뿐이었습니다. 그런 그가 요나답의 말을 듣자 용기가 생겼습니다. 그의 말을 들으니 그의 소원이 이루어지는 것도 쉽게 느껴졌습니다. 그렇지 않아도 지금 몸과 마음이 아픈 상태라 환자 흉내를 내는 것은 어렵지 않아 보였습니다.
그는 요나답의 말대로 집에 들어 누워서 식음을 전폐했습니다. 의원의 왕진도 거절하고 그냥 누워 있었습니다.
얼마 후에 요나답의 예상대로 다윗 왕이 방문을 했습니다. 암논은 열심히 연기 연습을 한 대로 말했고 꾀는 맞아떨어져 다윗 왕은 다말에게 명령을 했습니다.

그것은 참으로 치사한 방법이었습니다. 왕의 호의와 동정심을 이용하고 순진한 여동생의 동정심을 이용해서 자신의 욕망을 이루려 하다니.. 그러나 그는 지금 눈이 뒤집혀져서 그런 것을 생각할 겨를이 없었습니다.

자, 드디어 오랫동안 꿈꾸어 왔던 암논의 소원이 이루어지게 되었습니다.

방에 누워서 이불을 뒤집어쓰고 있는데 방문이 스르르 열리며 아름답고 사랑스러운 다말이 들어왔습니다. 암논은 너무나 기뻐서 가슴이 터질 것 같았습니다.

4. 본능에 속한 사람

암논은 단순하고 본능적인 사람이었습니다. 그는 생각하고 계산하고.. 이런 것이 도무지 체질에 맞지 않았습니다.
그는 어떤 소원이나 충동이 있을 때 그것이 옳은 것인지, 나쁜 것인지, 죄인지, 아닌지, 그것을 어떻게 다루어야 하는지, 그 선택의 결과는 어떠한 열매를 가져올지.. 그런 것들을 생각하지 않았습니다. 그는 단지 쉽게 열정에 사로잡히고 본능에 충실한 사람이었습니다.

그는 악인이라기보다는 어리석은 사람이었습니다.
그는 문제가 있으면 끙끙 앓기만 하지 스스로 어떻게 해야 하는지에 대해서는 생각이 나지 않았습니다. 요나답이 아니었으면 그가 혼자 이런 계교를 꾸미는 것은 상상도 할 수 없었을 것입니다. 그는 본능적인 사람이었지만 또한 단순하고 겁이 많아서 스스로는 악을 행할 수 없었습니다.
그러나 그는 단순하고 충동적이며 판단 능력이 부족하고 귀가 얇은 편이어서 악한 친구의 말에 금방 넘어가고 말았습니다.

암논이 다말을 보았을 때 그는 순간적으로 이성을 잃어버렸습니다. 아니, 사실은 그것이 그의 본 모습이었을 것입니다. 그는 쉽게 본능에 사로잡히며 충동적으로 말하고 행동하며 자기가 한 행동에 대해서는 쉽게 잊어버리는 그러한 사람이었습니다. 그는 힘으로 다말을 범했습니다. 다말이 울고 저항하고 몸부림을 쳤지만 욕망에 사로잡힌 그에게는 아무 것도 보이고 들리지 않았습니다.

그것이 사랑이었을까요? 아닙니다. 암논은 어쩌면 그것을 사랑이라고 생각했을지도 모르지요. 하지만 암논은 사랑이 무엇인지조차 모르는 사람이었습니다. 그는 단지 소유욕과 집착으로 가득한 욕망에 속한 사람이었을 뿐입니다.

격정은 순식간에 끝났습니다. 그는 행복할까요? 그는 만족했을까요? 아닙니다. 즐거움은 순식간이었지만 그 순간부터 그의 인생은 재앙이 되었습니다. 그 순간부터 파멸의 시계는 돌아가기 시작했습니다.

5. 성취 후의 허무함

암논은 다말을 처음 보는 순간부터 그를 그리워하기 시작했습니다. 그녀를 자기 손에 넣고 싶었습니다. 그러나 상황은 그것이 가능하지 않았습니다. 꿈을 이룰 수 없기 때문에 암논은 많이 고통스러웠고 몸과 마음이 많이 상했습니다.
그는 그녀를 얻을 수만 있다면 정말 기쁠 것이라고 생각했습니다. 행복할 것이라고 생각했습니다. 그녀를 얻지 못하면 세상사는 것이 다 허무하다고 느꼈습니다.
그러나 막상 그가 그토록 원하던 것을 얻었을 때 그는 만족스러운 것이 아니라 이상하게도 허무하고 비참해졌습니다. 다말이 아름답게 보이기는커녕 꼴도 보기 싫어졌습니다. 순식간에 마음이 180도로 바뀐 것입니다.

"그리하고 암논이 저를 심히 미워하니 이제 미워하는 미움이 이왕 연애하던 연애보다 더한지라" (삼하13:15)

정말 기가 막힌 일이었습니다. 암논은 몹시 극단적인 사람이었습니다. 미칠 듯이 사랑하다가 미칠 듯이 미워하는.. 그런 사람이었습니다. 자기의 행동에 아무런 책임감이 없이 그저 순간적인 느낌과 본능을 따라 사는 사람이었습니다.

분명히 암논은 극단적인 성격의 사람입니다. 미련하고 어리석고 본능적이며 책임감이 없고 계획이 없고 잔인하기까지 한 사람입니다.
다만 이 상황은 암논의 극단적인 성격을 보여주는 것이기도 하지만 세상 사랑의 한 속성을 보여주는 것이기도 합니다. 세상의 사랑, 세상의 욕망, 세상에 속한 모든 소원은 사람에게 결코 만족을 주지 못한다는 것입니다.
그것이 무슨 소원이든, 무슨 꿈이든, 무슨 목표든, 진정한 사랑으로 보이든 간에 세상에 속한 소원은 이루기 전까지는 대단한 것으로 보이지만 막상 얻고 나면 허무하게 느껴진다는 것입니다.
사랑도 명예도 권세도 돈도.. 얻기 전까지는 대단하지만 얻고 나면 그것은 마음을 채우지 못합니다. 그리하여 곧 지독한 허무감에 빠지게 되고 곧 다른 목표를 향해서 비틀거리게 되는 것입니다.

암논은 갑자기 화가 났습니다. 모든 것이 자기가 한 일이고 다말은 그저 피해자일 뿐입니다. 그러나 암논은 억울하기만 한 다말에게 화를 내며 쫓아내었습니다. 이제는 가지 않겠다고 사정하는 다말을 힘으로 쫓아버렸습니다. 다말은 할 수 없이 울면서 집으로 돌아가고 암논은 곧 바로 모든 것을 잊어버렸습니다.

하지만 그것으로 끝이었을까요? 남의 한 인생을 그처럼 일방적으로 파괴하고 본인이 잊으면 그것은 다 끝나는 것일까요? 아닙니다. 결코 그런 일은 없습니다.
사람이 살면서 행한 악한 일들은 낱낱이 다 기록됩니다. 조금이라도 남을 고통스럽게 하고 피해를 준 사람은 결코 무사하지 않습니다. 언젠가 그는 그 대가를 지불해야 합니다. 이 땅에서 대가를 받든지 영원한 곳에서 대가를 받든지 해야합니다.
하나님의 공의는 결코 그것을 내버려두시지 않습니다. 죄가 있는 곳에는 반드시 파멸이 옵니다.
심판의 시계는 움직이기 시작했습니다. 그러나 암논은 어리석게도 그 사실을 전혀 깨닫지 못하고 있었습니다.

6. 압살롬의 분노

동생 다말로부터 모든 이야기를 전해들은 압살롬은 머리끝까지 화가 났습니다. 그가 아끼고 사랑하는 여동생인 다말이 이런 악행을 당한 것을 그는 참을 수 없었습니다.

그는 당장 사랑하는 여동생의 복수를 하고 싶었습니다. 그는 당장에 암논을 죽여버리고 싶었습니다. 그런 마음이 굴뚝같았습니다.

그러나 그는 사려 깊은 사람이었습니다. 그는 즉시로 행동을 취하는 편이 아니었습니다. 암논은 단순하고 즉흥적으로 움직이는 사람이어서 쉽게 행동하고 잊어버리는 편이었습니다. 그는 함부로 말하고 행동을 해서 다른 이들에게 마음에 상처를 주고도 '나는 뒤가 없는 사람이야' 하는 식이었습니다.

압살롬은 반대였습니다. 그는 한 가지의 행동을 하기 전에 항상 꼼꼼하게 재고 생각하는 편이었습니다. 그는 어떻게 동생의 복수를 할 것인가를 생각하기 시작했습니다.

가장 쉬운 방법은 다윗 왕에게 보고를 하고 처벌을 호소하는 것입니다. 아마 그것이 온당한 행동일 것입니다. 그러나 그것은 내키지 않았습니다. 압살롬이 생각하기에 다윗 왕은 자식들의 행동에 지나치게 너그러운 면이 있었습니다. 다윗 왕은 보고를 받고 나서 분명히 진노하실 터이고 암논을 꾸짖기는 하겠지만 압살롬의 청원은 거절하실 것입니다. 그는 약간의 벌을 준 후에 대강 용서하고 넘어갈 것이 틀림없었습니다.
그것은 암논에게 면죄부를 주는 것이나 마찬가지입니다. 압살롬은 도저히 그렇게 할 수 없었습니다. 그는 자기가 알아서 복수를 하기로 마음을 먹었습니다.
실제로 다윗 왕은 보고를 받고 진노했지만 암논에게 벌을 주지는 않았습니다.(삼하13:21) 그것은 압살롬을 더욱 화가 나게 했습니다.

그는 속으로 이를 갈며 복수의 시간을 기다렸습니다.
그는 동생에게 오빠가 알아서 할 터이니 지금은 그저 잠잠히 있으라고 말했습니다. 다말은 처량한 모습으로 오빠의 집에서 머물게 되었습니다.
압살롬은 수척해져서 울고 있는 동생의 모습을 볼 때마다 가슴이 아프고 화가 치밀었습니다.
그는 이를 악물었습니다. 그는 사랑하는 동생을 이 꼴로 만든 놈을 결코 내버려두지 않을 것이며 반드시 언젠가는 복수를 할 것이라고 결심하고 또 다짐했습니다.

압살롬은 그 사건 후로 가끔 암논을 마주쳤지만 아무런 내색도 하지 않았습니다. 적어도 겉으로는 평온을 유지했습니다.

암논은 사건 후 처음에 압살롬을 보았을 때는 다소 긴장한 모습이었지만 압살롬이 아무런 도발을 해오지 않자 문제가 다 끝났다고 생각했습니다.

하지만 다말에게, 압살롬에게 있어서 그것은 끝난 일이 아니었습니다. 그것은 쉽게 잊을 수 있는 일이 아니었습니다. 그들의 가슴속에서 그것은 아주 오래 동안 잊혀지지 않는 고통의 기억들이었습니다.

7. 치밀한 복수

세월이 흘렀습니다. 2년이라는 시간이 지났습니다. 암논의 기억 속에서 그 일은 까맣게 잊혀졌습니다. 그러나 압살롬은 꾸준히 복수를 준비하고 있었습니다. 그는 완벽한 복수의 시간을 기다리고 있었습니다. 때가 무르익었다고 판단되었을 때 압살롬은 양털 깎는 행사를 마련했습니다. 그것은 파티가 동반된 즐거운 화목의 행사였습니다.

압살롬은 모든 형제들을 다 초청했습니다. 그리고 다윗 왕도 초청했습니다. 그는 이미 나이가 많은 다윗 왕이 이런 사소한 친목 행사에 오지 않을 것을 잘 알고 있었습니다. 다만 왕을 초청하므로 공식적인 행사가 되고 암논에게도 의심을 사지 않기 위해서 왕을 초청했던 것입니다. 그것은 암논이 애초에 다말을 취하기 위해서 다윗 왕이 방문하도록 꾀병을 앓던 식의 계교를 그대로 사용한 것이었습니다.
예상한 대로 다윗 왕은 오지 않았습니다. 만약 다윗 왕이 참가했다면 함부로 칼을 휘두르기가 곤란하기 때문에 복수를 하는 것은 어려웠을 것입니다. 왕이 오게 되면 경호원도 많아지게 되며 무엇보다도 왕 앞에서 칼을 휘두르는 것은 곧 바로 반역으로 인정되기 때문입니다.

암논은 아무런 의심도 없이 행사에 참여했습니다. 그는 지난 2년 동안 압살롬이 꾸준히 복수의 칼을 갈고 있다는 사실을 전혀 눈치채지 못했습니다. 그는 그저 다른 동료 왕자들과 함께 술을 마시며 유쾌하게 즐기고 싶은 마음뿐이었습니다.
압살롬은 치밀한 작전을 꾸몄습니다. 칼을 잘 쓰는 부하들을 미리 배치했습니다. 그리고 한껏 분위기를 흥겹게 하고 그 절정의 순간에 습격을 명령했습니다.
암논이 신나게 술을 마시며 떠들고 있는 가운데 갑자기 공격이 왔습니다. 그는 저항 한번 못하고 칼을 맞고 죽었습니다.

암논은 충동적인 사람이었습니다. 그는 사려 깊은 사람이 아니었습니다. 그는 자기의 소원이 이루어지지 않으면 병이 났습니다. 소원이 이루어지고 나면 순식간에 마음이 바뀌어버렸습니다. 그는 쉽게 무엇인가를 결단하고 시도하며 쉽게 열정에 빠지지만 곧 그것을 잊어버리고 다른 것에 사로잡히는 사람이었습니다.
욕망을 채운 후 그는 곧 그것에 싫증을 내는 사람이었습니다. 그는 자기의 행위를 곧 까맣게 잊어버렸습니다. 압살롬의 집에 초청을 받고 갔을 때 그는 이미 자기의 지난 행위에 대해서 잊어버리고 압살롬의 마음이 어떠할 지에 대해서는 관심도 없고 거리낌도 없이 그저 파티에서 웃고 즐기며 놀고 있었습니다. 생명의 파멸이 가까이 다가오고 있는데 그는 그저 웃고 즐거워할 뿐이었습니다. 그것은 동물적이고 본능적인 사람들의 한 특성이었습니다.

하지만 압살롬은 2년 동안 복수에 대해서 한번도 잊은 적이 없었습니다. 가해자는 쉽게 모든 것을 잊지만 피해자는 결코 아픈 기억을 잊지 않습니다. 게다가 압살롬의 성격은 암논과 정 반대였습니다. 암논은 화가 나면 바로 그것이 얼굴에 나타났습니다. 속이 상해도 얼굴에 표정이 바로 드러났습니다.
그러나 압살롬은 속에는 분노가 가득했지만 그것을 얼굴에 드러내지 않는 사람이었습니다.
그는 아무 말도 하지 않았습니다. 눈을 크게 뜨고 입은 꾹 다문 채 그는 미동도 하지 않았습니다. 그는 굴욕을 참으며 때를 기다리는 사람이었습니다. 그의 얼굴은 매우 아름답고 초연해서 아무도 그의 마음속에 피비린내가 풍기고 있다는 것을 알 수 없었습니다.
사실 무서운 사람은 바로 이런 사람입니다. 암논처럼 겉으로 감정이 나타나고 화를 내는 사람은 무서운 사람이 아닙니다. 감정을 감추고 속으로 도모하는 사람이 무서운 것입니다. 그러나 암논은 그것을 알지 못했습니다.
압살롬은 2년을 하루처럼 기다리며 기회를 찾았습니다. 그리고 기회가 왔을 때 그는 그 기회를 놓치지 않았습니다.
즉흥적으로 충동적으로 움직이며 생각 없이 사는 어리석은 사람 암논은 겉으로 고요하지만 속으로 앙심을 품고 때를 기다리는 사람의 칼을 피할 수 없었습니다. 그는 그렇게 비참하게 죽었습니다.

암논의 죽음을 확인한 후 압살롬은 어머니의 아버지이며 그술 왕인 할아버지 달매에게로 떠났습니다. 그는 준비해둔 짐을 들고 말을 타고 떠났습니다.
복수는 끝났지만 그것이 그에게 행복을 준 것은 아니었습니다. 그는 이제부터 도망자의 신세가 될 수밖에 없었습니다. 아버지 다윗은 그에게 살인의 책임을 물을 것이기 때문입니다. 그는 처량하게 고향을 떠나 고개를 늘어뜨리고 떠나갔습니다. 죽은 암논도, 희생자 다말도, 복수한 압살롬도.. 그들 중 어느 누구도 행복하지 않았습니다.

8. 숨어있는 주동자

사건은 비극적으로 끝이 났습니다. 이 사건은 여기에 관련된 모든 사람들을 비참하게 만들어버렸지요. 직접적인 피해자 다말은 말할 것도 없고 비참한 죽음을 당한 암논도, 또한 복수를 했지만 그 때문에 조국을 등지고 도피할 수밖에 없었던 압살롬도 이 사건의 희생자라고 할 수 있을 것입니다.

비극적인 상황은 거기서 끝나는 것이 아닙니다. 압살롬은 이 문제로 외국에 잠시 피신해 있다가 나중에 귀국을 하지만 아버지인 다윗은 그를 용서하지 않습니다.
아니, 우여곡절 끝에 용서를 하고 귀국을 시키기는 하는데 직접 대면하지는 않습니다. 나중에 한바탕 난리를 치른 후에 간신히 압살롬은 다윗의 앞에 서게 되지요.
아마 그 과정에서 압살롬은 다윗 왕에게 크게 섭섭한 마음을 품게 되었던 것 같습니다. 그리고 그것은 나중에 쿠데타로 이어졌지요. 이를 통하여 아버지와 아들간에 전쟁이 있었고 나중에 진압은 되었지만 많은 사상자가 생겼습니다.

또한 많은 변절자도 생겼지요. 다윗의 충직한 부하인 요압이 압살롬의 편을 들기도 했습니다. 다윗이 나중에 죽을 때 솔로몬에게 변절한 요압을 잊지 말고 징계하라는 유언을 남기는 것을 보면 그 사건은 다윗에게 깊은 상처를 남겼던 모양입니다.

이처럼 이 사건은 일파만파로 많은 재앙을 남겼습니다. 한 어리석은 사람의 단순한 실수와 패망.. 그 이상의 반향을 일으켰던 것입니다. 그것은 다윗의 왕국 한 부분에 금이 가게 하는 중요한 사건이었습니다.

아무튼 사건은 끝이 났지만 여기서 잠시 살펴보아야 하는 문제가 있습니다. 그것은 요나답이라는 사람의 이야기입니다.

도대체 그는 어떤 사람일까요? 그는 이 사건의 열쇠를 쥐고 있는 사람입니다. 그는 다윗의 형 시므이의 아들이며 암논의 친구입니다. 왕자는 아니지만 비슷한 귀족층의 사람이라고 할 수 있습니다.

이 사건은 분명히 암논이 범죄자이고 그에게 책임이 있습니다. 하지만 만일 요나답이 없었다면 아마 이 사건은 일어나지 않았을 지도 모릅니다. 암논은 그런 일을 직접 행할 만큼 담대한 사람이 아니었고 계략을 꾸밀만한 사람도 아니었습니다. 실제로 이 사건의 주동자는 분명히 요나답이었습니다. 그는 어리석은 암논을 충동질했으며 암논의 머리로는 도저히 생각할 수 없는 계교로 그를 파멸로 이끌었습니다.

요나답은 자기가 시킨 대로 암논이 그런 행동을 해도 무사하다고 믿었을까요? 과연 그럴까요?
아마 아닐 것입니다. 요나답은 처음부터 모든 것을 알고 있었습니다. 그는 암논의 성질을 잘 알고 있었으며 다윗 왕의 성격도 파악하고 있었습니다. 그러한 그가 압살롬의 성품을 모를 리가 없습니다.
압살롬은 용의주도하고 정확하며 사람의 마음을 읽을 수 있는 사람이었습니다. 다시 말하면 요나답과 비슷한 기질을 가지고 있는 사람이었습니다.
요나답이 그것을 몰랐을까요? 아닙니다. 그는 그것을 알고 있었습니다. 압살롬이 어떤 사람인지, 그가 어떻게 반응할 것인지, 그는 선명하게 알고 있었습니다.

이 사건이 발생했을 때 압살롬의 집에서 왕자들이 몰살당했다는 소문이 다윗에게 들려왔습니다. 이에 깜짝 놀라 다윗이 옷을 찢고 땅에 엎드러지고 다윗의 신복들도 같이 옷을 찢고 난리를 피웁니다.
그런데 바로 이 때 요나답이 등장합니다. 모두가 흥분과 충격으로 정신이 없을 때 그는 아주 얄밉도록 침착하게 말합니다.

"왕이여. 걱정하지 마십시오. 왕자님들이 다 죽은 것이 아닙니다. 죽은 것은 오직 암논 뿐일 것입니다. 압살롬 왕자님은 누이

동생이 나쁜 일을 당한 날부터 보복을 결심하고 있었습니다. 그러므로 염려하지 마십시오. 다른 왕자님들은 다 무사하실 테니까요." (삼하13:32,33)

정말 놀랍지 않습니까? 요나답은 마치 자신이 그 자리에 있어서 보고 있는 것처럼 사태를 정확하게 파악하고 있었습니다. 그는 사건이 어떻게 진행되었는지를 정확하게 알고 있었으며 그 사건의 근원적인 동기가 이미 2년 전 압살롬의 마음에서 시작되었다는 것도 파악하고 있었습니다.
그는 이미 오래 전부터 이런 일이 있을 줄을 알고 있었던 것입니다. 압살롬이 복수할 것이라는 사실을, 그리고 암논은 죽을 것이라는 사실을.. 그러므로 압살롬이 잔치를 계획하고 초청할 때에 이미 그는 이런 일이 있을 줄을 예상하고 있었던 것입니다.
그런데, 그렇다면.. 압살롬이 살인의 계획을 세우고 있으며 암논의 목숨이 위험하다는 것을 요나답이 알았더라면 왜 그는 암논에게 경고하지 않았을까요? 파티에 가지 말라고, 당신은 위험하다고, 압살롬이 당신을 노리고 있다고, 그러니 조심하라고.. 왜 그는 그렇게 경고하지 않았을까요?

그 이유는 간단합니다. 그가 암논에게 그 위험에 대해서 경고할 사람이라면 그는 애초에 처음부터 그런 말도 안 되는 꾀를 좋은 계획이라고 암논에게 이야기하지도 않았을 것입니다. 즉 그는 처음부터 암논을 파멸시키려고 그런 계교를 그에게 알려주었던 것입니다. 그는 친구인 암논을 도와주는 척 하면서 그를 파멸의 길로 이끌었던 것입니다.

그가 암논에게 가르쳐준 계교는 단순한 꾀가 아니었습니다. 그것은 그가 암논과 다윗과 압살롬의 성향에 대해서 잘 알고 있는 것을 보여줍니다.
그는 암논이 충동적이고 단순하며 앞의 일을 예측하지 못하는 어리석은 사람이라는 것을 알고 있었습니다. 또한 다윗 왕이 자식들에게 대해서, 약한 사람의 상태에 대해서 특히 관대하다는 성향을 잘 알고 있었기 때문에 다윗 왕에게 잘 먹혀들고 암논을 혹하게 할 수 있는 계교를 준비한 것입니다. 또한 그는 압살롬의 독한 성품을 잘 알고 있었기에 머지않아 암논이 이 사건으로 인하여 죽을 것이라는 사실을 알고 있었습니다.

그가 만일 정상적인 사람이었다면 그는 사건의 발행 후에 미안한 마음을 가져야했을 것입니다. 암논에게도, 다말에게도, 압살롬에게도 미안한 마음을 가지는 것이 당연한 일일 것입니다. 자기의 계교로 인하여 모두가 다 불행해졌기 때문입니다.
그러나 자신의 행위에 대해서 손톱만큼도 반성하지 않았습니다. 그는 피해자들에게 털끝 만한 동정심도 없었습니다. 그는 오직 그들을 이용하고 그것을 토대로 다윗 왕에게 아첨을 하며 신임을 얻고 자기의 입지를 높이려고 했을 뿐입니다.

그는 매우 간교한 사람이었습니다. 그는 은밀하게 드러내지 않고 사건에 관계된 모든 이들을 파멸에 이르게 했습니다. 그는 사건의 실제적인 주동자였지만 아무도 그의 마음과 동기를 알지 못하고 꼭두각시가 되어서 희생자가 되어버렸던 것입니다.

참으로 묘한 일입니다. 이 사건에는 여러 희생자들이 등장합니다. 그들은 서로 미워하고 상처를 받으며 이를 갑니다. 다말도 암논을 미워하고 압살롬도 암논을 증오합니다. 다윗 왕도 크게 분노합니다.

그러나 요나답을 미워하는 사람은 아무도 없습니다. 오히려 요나답은 충격을 받고 놀라는 다윗에게 살며시 다가와 왕을 위로합니다. 일은 자기가 계획하고 사건을 다 저지른 후에 이제 와서 위로하는 것입니다. 이로 인하여 모두가 서로 상처받고 고통을 겪지만 그 근원적인 주동자가 누군지에 대해서는 아무도 알지 못합니다.

요나답은 도대체 무슨 생각을 하고 있는 것일까요? 그는 암논, 다말, 압살롬, 다윗 등이 상처받고 신음하고 괴로워하고 미워하고 이를 가는 그 모습을 보면서 혼자 즐기고 있습니다. 싸움을 붙여 놓고 혼자서 즐거워하는 것입니다.

그는 겉으로는 위로하고 도우면서 어둠 속에서 살며시 미소를 짓습니다. 도대체 그는 어떤 사람일까요? 그는 누구이며 왜 이런 짓을 하는 것일까요?

요나답에 대한 정보는 성경에 그리 많이 나오지 않습니다. 다만 그의 아버지가 다윗의 형인 시므아라는 것을 밝힐 뿐입니다.
다윗의 형인 시므아는 어떤 사람이었을까요? 성경에는 그에 대한 정보가 나오지 않습니다. 하지만 다윗의 형들이 초기에 다윗을 별로 탐탁지 않게 여겼으며 맏형은 다윗에게 분노를 터뜨린 것을 보여줍니다.
아마 시므아는 자기의 보잘것없는 막내 동생이 하나님의 선택을 받고 기름부음을 받아 왕이 된 것을 시기하는 마음이 있는 것은 아니었을까요?
그리하여 은근히 다윗의 나라가 잘 되는 것을 싫어하는.. 그런 마음을 품었던 것은 아닐까요? 그리고 요나답은 그러한 아버지의 마음에 영향을 받은 것은 아니었을까요?

이것은 다만 추측일 뿐입니다. 그러나 그 아버지는 어땠을 지 모르지만 분명한 사실은 요나답이 다윗 왕국의 왕성함을 싫어했다는 것입니다. 그는 암논이 죽임을 당하고 압살롬이 살인자가 되고 다윗이 충격을 받고.. 그 모든 상황을 충분히 알고 있었으면서도 그것을 조장하였습니다. 그 모든 사건이 그의 머리에서 시작된 것이었습니다.

그가 상징하고 있는 것은 무엇일까요? 사람들로 하여금 죄를 짓게 하고 악한 꾀를 속삭이고 서로 미워하고 상처받게 만들며 서로를 파괴하고 자신은 어둠 속에서 조용히 숨어서 기뻐하고 있는 것.. 그는 누구의, 무엇의 상징일까요?

그 정답은 마귀입니다.

마귀와 악령들은 은밀하게 사람들에게 스며들어와 그들을 속이고 유혹하면서 관계를 이간질하고 악한 생각을 넣어주고 욕망을 부추기면서 사람의 영혼을 파괴시키며 결과적으로 하나님의 왕국을 파괴하려고 합니다. 요나답이 하는 짓이 바로 그러한 마귀들의 장난을 잘 보여주고 있는 것입니다.

요나답은 배후에서 속이는 악령들의 모습을 잘 보여주는 사람입니다. 다음 장에서 조금 더 설명하겠습니다.

9. 욕망은 악령의 먹이

사람은 육체를 가지고 있으므로 누구나 육체의 욕망에 사로잡힐 수 있습니다. 육신적인 애정에 빠질 수가 있으며 육신적인 감정에 사로잡힐 수가 있습니다. 육신적인 소원을 가질 수 있으며 그것을 얻기를 간절하게 소망할 수 있습니다.
우리는 우리가 간절하게 원하는 것을 얻지 못할 때 좌절하고 낙담할 것입니다. 화를 낼 수도 있습니다.
자기의 원하는 것이 이루어지지 않을 때 마구 성질을 내는 사람도 있습니다. 성격이 아주 강해서 자기의 원하는 것이 되지 않는다면 차라리 죽어버리겠다고 하는 사람들도 있습니다.

야곱의 아내 라헬이 바로 그런 사람이었습니다. 그녀는 아기를 낳기를 원했지만 그것이 이루어지지 않자 야곱에게 성질을 내면서 아이를 낳게 하라고, 그렇지 않으면 자기는 죽어버리겠다고 말했습니다.(창30:1)
그녀는 자기의 뜻이 이루어지지 않는 것을 참지 못하는 사람이었습니다. 그러자 야곱도 그녀에게 하나님이 아이를 주시지 않

는데 난들 어쩌겠냐고 화를 냈습니다. 라헬은 결국 자기의 말대로 아이를 낳다가 죽었습니다.(창35:18)

성격이 급하고 강한 것은 참으로 좋지 않은 것입니다. 이러한 이들은 자기의 소원이 이루어지지 않는 것을 참지 못합니다. 이들은 하나님이 자기의 소원을 잘 들어주시면 감사하지만 그렇지 않으면 쉽게 실족하거나 원망합니다. 이들은 하나님 자신보다 자신의 소원과 욕망을 더 중요하게 여깁니다.

자신의 욕망이 이루어지지 않으면 그것을 불행이라고 여기고 패배의식을 가지고 괴로워하고 낙담하는 이들은 많이 있습니다.

하지만 이 사건이 분명히 보여주는 것이 있습니다. 암논은 욕망의 성취로 인하여 망했고 파멸했다는 것입니다. 그의 욕망이 이루어지지 않았다면 그는 죽지 않았을 것입니다. 그러나 그 욕망이 이루어졌기 때문에 그는 죽었습니다.

중요한 것은 우리가 소원하는 것을 이루느냐, 마느냐 하는 것이 아닙니다. 중요한 것은 우리가 무엇을 소원하는가 하는 것입니다. 우리의 욕망과 소원이 아름답고 진정한 것이라면 그것은 우리의 영혼을 안전하고 풍성하게 합니다. 그러나 우리의 소원과 욕망이 잘못된 것이라면 그것은 우리를 망하게 합니다.

오늘날 많은 사람들이 단순하고 본능적인 삶을 삽니다. 거의 짐승과 같이 육체의 욕망만이 채워지면 그것이 행복이라고 여기는 이들도 점점 많아집니다.

많은 돈이 있고 큰집이 있고 좋은 음식을 먹고 원하는 것을 사면서 편안하게 사는 것이 행복이라고 믿는 이들이 많이 있습니다.

이 세상은 그러한 가치관을 조성해갑니다. 그러나 그것은 많은 사람들이 가는 길이며 추구하는 길이기는 하지만 안전한 길은 아닙니다. 그것은 물질적인 삶이며 육체에는 만족을 줄지 모르지만 영혼의 만족을 가져오지는 못합니다.

오늘날 많은 그리스도인들도 기도는 많이 하면서도 진정 가치 있는 것을 구하지 않고 물질적이고 환경적인 문제 해결과 만족을 위해서만 기도하는 경향이 있습니다. 그것은 낮은 삶이며 낮은 신앙입니다.

우리의 소원과 욕망은 무조건 이루어져야 하는 것이 아닙니다. 우리는 그것을 주님께 맡겨야 합니다. 주님께 드려지지 않은 육신적인 욕망은 마귀의 먹이라는 사실을 우리는 기억해야 합니다.

요나답은 마귀의 속성을 잘 보여주는 사람입니다. 마귀는 어리석은 사람들, 욕망에 사로잡혀 있는 이들에게 친절하게 다가갑니다. 그리고 그 소원을 이루어주려고 합니다. 그리하여 그 사람에게 욕망과 소원을 이루어준 후에 그 대가로 그의 목숨을 빼앗아갑니다. 어리석게 죽은 암논처럼 말입니다.
삼손은 그의 육적 욕망을 만족시킨 후에 목숨을 잃지는 않았지만 대신에 눈을 빼앗겼습니다. 그것이 항상 마귀가 하는 짓입니다. 그들은 우리의 욕망을 부추기고 우리의 영혼을 빼앗습니다.

오늘날 많은 사람들은 욕망과 집착과 허무한 꿈을 비전이라고 생각합니다. 편하게 살고 잘 먹고 잘 나가는 것을 축복이라고 생각합니다.
오늘날 물질적인 풍요함이 기독교의 중심인양 생각하는 이들은 아주 많이 있습니다. 그것은 마귀에게 속고 있는 것입니다. 마귀는 사람들이 육의 욕망에 사로잡히는 것을 아주 즐거워합니다. 그럴 때 그는 왕이 될 수 있기 때문입니다.
비전을 가지고 자신의 꿈이 이루어지는 믿음을 가지며 번성과 번영을 추구하라는 것.. 그것은 이 시대의 중요한 메시지입니다.
그러나 소원을 이루는 것보다 중요한 것은 그 소원이 어떠한 것인가의 문제입니다. 그 소원과 목표는 과연 우리를 행복케 하는 것일까요? 우리는 그 꿈들을, 우리의 소원과 목표들을 주님 앞에 가지고 가야 합니다.
오늘날 왜 하나님의 신선한 임재와 교제를 누리는 이들이 적을까요? 그 거룩하신 임재와 기름부음 가운데 나아가는 이들이 왜 이렇게 적을까요? 주님의 얼굴과 그의 영광을 경험하는 이들이 왜 이렇게 적을까요?
그것은 그러한 진정한 욕망을 가진 이들이 별로 없기 때문입니다. 훨씬 더 많은 사람들이 허무하고 일시적인 욕망들을 추구합니다.
우리는 낮은 소원과 욕망을 벗어나 오직 주를 구해야 합니다. 주님의 임재를 맛보기 위해서 우리의 영성을 발전시켜야 합니다. 그래야 우리는 진정한 행복과 만족과 천국을 경험할 수 있습니다.

행복과 만족은 육욕의 만족에서 오지 않습니다. 그것은 환경과 바깥의 변화에서 오지 않습니다. 그것은 주변에 있는 다른 사람들, 남편, 자식들이 변화되는 데서 오지 않습니다.
천국과 만족감은 오직 자기 안에서 옵니다. 그것은 남의 변화가 아니라 자신의 내적인 변화에서 옵니다.
우리는 모두 남들 때문에 불행한 것이 아니고 자신의 마음과 영성의 낮은 수준 때문에 불행한 것입니다. 우리의 내면이 바뀌고 우리가 주님의 영으로 가득 채워질 때 우리는 진정한 행복을 경험할 수 있습니다.

헛된 꿈을 버리십시오. 헛된 욕망을 버리십시오. 당신의 감정과 애정을 오직 주님이 주장하게 하십시오.
기억하십시오. 육적 애정과 육적 감정은 마귀의 먹이입니다. 깨어있어서 마귀에게 틈을 주지 마십시오.

오직 주님을 향한 갈망을 가지십시오. 그렇게 할 때 마귀는 당신에게 가까이 하지 못할 것이며 당신은 영원히 빼앗기지 않는 천국의 보화를 누릴 수 있게 될 것입니다.

10. 묵상

사랑하는 나의 자녀들아. 헛된 욕망을 품지 말라.
함부로 꿈을 꾸며 함부로 많은 것을 구하지 말라.
영원하지 않은 것,
잠시면 지나가 버릴 기쁨에 마음을 두지 말라.
세상이 좋아하는 것을 구하지 말라.
세상의 풍조를 따라가지 말라.
그것은 생명을 낭비하는 것이며
어두움에게 기회를 주는 것이다.
그것은 잠시 즐거움을 주겠지만
그 나중은 결코 행복하지 않을 것이다.
악한 자들의 꼬임에 빠지지 말라.

오직 진정한 보화를 구하라. 진정한 목표를 가져라.
나의 얼굴을 구하며 나의 임재를 구하라.
천국을 구하며 사모하라.
죄와 더러움을 피하며 거룩함과 순결함을 사모하라.

마귀의 꼬임에 넘어가지 말라.
구하는 자는 진리를 얻게 될 것이다.
갈망하는 자는 나를 알게 될 것이다.

나의 자녀들아. 나를 구하라.
아름다움을 사모하며 변화와 발전을 사모하라.
인생의 참된 목표를 정하라.
너희들이 구하는 것이 너희의 삶을 만들어가게 될 것이다.
진정한 것, 영원히 가치 있는 것을 구하는 이들은
그 열매를 먹게 될 것이다.
그 열매는 먹어본 사람만이 알 수 있을 것이다.

4부 누가 가슴을 채워주는가

누구나 인생을 살아가면서 사랑하는 것을 꿈꿉니다.
사랑하기를 원하며 사랑 받기를 원하고 누군가가 자신의 가슴을 채워주기를 원합니다.
그러한 대상을 찾은 사람은 행복할 것입니다. 그러나 찾지 못한 사람은 마음에 공허함과 허무함이 있을 것입니다.
과연 우리의 가슴을 온전하게, 그리고 충만하게 채우는 이는 누구일까요?
이 장에서 다시 다윗이 등장합니다.
여기서 우리는 다윗의 마음을 채우는 존재가 누구인지 살펴볼 것입니다.
자기 가슴을 채우는 존재, 그 대상을 찾아가는 것.. 그것은 바로 인생이고 인생의 과정입니다. 진실을 발견하게 될 때 우리는 진정 행복자가 될 것입니다

1. 인생은 진정한 사랑을 찾는 여행

누구나 본능적으로 사랑을 추구합니다. 누군가를 사랑하기를 원하며 누군가에게 사랑 받기를 원합니다.
사랑을 받고 인정을 받는 것은 행복한 일입니다. 누군가를 사랑하며 그리워하는 것은 즐거운 일입니다.
누구나 첫 사랑의 추억이 있으며 어린 시절의 즐거웠던 기억이 있습니다. 그 시절이 고난의 시절이었다고 해도 지나서 생각하면 어린 시절은 그리움의 대상이 됩니다.

어린 시절의 기억은 나이가 들어서 돌이켜 생각하면 다 그립고 가슴이 설렙니다. TV에서 어린 시절의 친구를 찾아주는 프로그램이 인기를 끄는 것도 누구나 지난 시절, 어린 시절에 대한 그리움과 아름다운 설렘이 있기 때문입니다.
어린 시절과 그 시절의 친구들을 그리며, 그 친구들이 지금은 다 어디서 무엇을 하고 있을까 생각하며 가슴이 따뜻해지는 것은 그 시절의 사랑과 우정이 계산적이지 않은 순수한 것이기 때문입니다. 모든 이들은 진정한 사랑, 순수한 사랑을 그리워하고 있는 것입니다. 누구나 그렇습니다. 누구나 자기의 가슴에 사랑이 채워지기를 원합니다. 그리움과 사랑으로, 사랑의 행복으로 가슴이 채워지기를 원합니다.

우리 삶의 모든 것은 사실 사랑을 찾고 그리움을 찾으며 마음의 공허를 채워 가는 추구의 과정이라고 할 수 있습니다. 진정한 사랑, 진정으로 내 가슴을 채워주는 사랑을 구하는 과정이라고 할 수 있는 것입니다.
모든 사람이 그렇듯이 다윗도 그랬습니다. 다윗도 사랑을 구하였으며 사랑을 찾았습니다.
과연 그는 진정한 사랑을 찾았을까요? 과연 그는 자기의 가슴을 채우는 존재를 찾았을까요? 그 과정을 추적해보기로 하겠습니다.

2. 다윗의 부모

사람은 누구나 본능적으로 사랑을 추구합니다. 자기 가슴을 채워주는 사람을 찾습니다. 자기 가슴속의 비워진 공간을 누군가가 채워주기를 원합니다.
아가가 태어났을 때 가장 먼저 만나게 되는 것은 부모입니다. 그러므로 아가는 부모에게 그러한 사랑을 기대하며 어느 정도 집착을 가지고 있는 것이 보통입니다.

어린아이들은 엄마와 아빠에 대한 소유욕과 집착을 가지고 있습니다. 아가들은 자기 엄마가 자기 또래의 어린 아가들을 안고 있는 것을 보고 칭얼거립니다. 그리고 다가와서 엄마의 품에 안겨있는 다른 아가를 쫓아내며 자기가 그 자리에 와서 앉습니다. 그들은 엄마의 사랑을 혼자서 소유하고 싶어합니다.
아이가 태어나서 처음 만나고 인간관계를 갖는 대상이 부모이기 때문에 그 관계는 아이의 인생에 아주 중대한 의미를 가지며 영향을 끼치게 됩니다.
부모와 좋은 관계를 가진 아이는 얼굴이 밝고 성격이 명랑하며 매사에 긍정적인 시각을 가지게 될 것입니다. 그러나 부모와 관계가 좋지 않은 아이는 어둡고 우울하며 공격적이거나 불안하고 자기 자신에 대한 긍지가 부족하며 매사에 부정적일 가능성이 많습니다.

부모와 좋은 관계를 가지며 부모를 사랑하고 존경하는 아이는 복을 받은 아이입니다. 그에게는 형통과 풍성한 삶의 길이 펼쳐질 가능성이 아주 많이 있습니다.

그러나 부모와 좋지 않은 관계를 가지고 있으며 부모를 사랑하지도, 존경하지도 않는다면 그 아이는 일생동안 많은 어려움을 겪게 될 가능성이 많습니다. 그의 마음과 영혼 가운데 어두움의 기운이 형성되어서 그것들을 끌어당기기 때문입니다.

좋은 부모들은 자녀들에게 사랑과 존경을 받습니다. 아이들은 '나는 커서 엄마, 아빠와 같은 사람이 될 거야' 하고 생각합니다. 그렇다면 그것은 부모와 자녀들 모두에게 축복이며 그 가정은 천국과 비슷한 것이라고 할 수 있을 것입니다.

그러나 그렇지 않은 경우도 많이 있습니다. 부모가 자녀들보다 지적으로 영적으로 인격적으로 더 어린 경우도 많이 있습니다. 그런 경우에 자녀들은 부모를 모델로 여기지 않습니다. 그들이 인생을 살아가는 데에 있어서 부모의 모델을 존중하지 않습니다. 자기는 부모처럼 살지 않을 것이라고 생각합니다.

그러한 상황은 부모에게도 부끄러운 것이지만 자녀들에게도 고통스러운 것입니다. 그들에게는 모델이 없으므로 그들 스스로 모든 것을 새롭게 배우고 익혀야 하기 때문입니다. 따라서 그들의 인생에는 고난이 많으며 많은 실수와 실패를 직접 겪으면서 스스로 하나씩 배워가야 합니다.

다윗은 부모와 어떤 관계였을까요? 그는 성경에서 항상 '이새의 아들 다윗'으로 지칭됩니다. 그는 아버지인 이새와 어머니와 어떤 관계를 가지고 있었을까요? 그는 부모를 사랑하였을까요? 존경하였을까요? 그는 부모에게 사랑을 받았을까요? 자세한 것을 우리가 다 알 수는 없습니다. 그러나 앞에서 이미 언급한 바, '내 부모는 나를 버렸으나 여호와는 나를 영접하시리이다' (시27:10) 는 다윗의 말은 이에 대한 대답을 보여줍니다.

그는 부모에게서 버림을 받은 것처럼 느꼈습니다. 실제로 그의 부모는 그에게 별로 기대를 하지 않았으며 아들로 여기지 조차 않은 것 같습니다. 사무엘이 이새에게 아들들을 다 데리고 오라고 했을 때 이새는 처음부터 다윗을 아예 부를 생각조차 하지 않았던 것입니다. 이새는 사무엘이 그에게 묻기를 아들이 더 없느냐고 하자 비로소 '아들 한 놈이 더 있기는 한데..' 하고 시큰둥하게 대답했었던 것입니다. 이새는 다윗의 형들의 강하고 늠름한 외모에 비해 상대적으로 초라한 다윗에게 별로 기대를 하지 않은 것 같았습니다.

다윗은 부모에게서 버림을 받은 것 같이 느꼈습니다. 그리고 그
것은 다윗이 하나님을 간절하게 구하는 한 계기가 되었습니다.
그러므로 다윗은 고백했던 것입니다. '부모는 나를 버렸지만
하나님은 나를 버리지 않으실 것입니다..' 라고 말입니다.
남자아이에게 있어서 아버지의 인정과 격려는 아주 중요한 것
입니다. 아버지가 아들을 믿음직하게 여길 때 아들은 자신의 정
체성에 대해서 긍지를 갖게 됩니다. 아들은 아버지와의 대화,
친밀한 우정을 통해서 남자다움을 배우게 됩니다. 그것은 아들
을 당당한 남자로 만들어줍니다.
하지만 다윗은 아버지와 그러한 관계를 갖지 못했습니다. 그의
아버지는 그를 인정해주지 않았습니다. 그는 아버지의 인정을
받고 있는 형들이 부러웠습니다. 그도 아버지에게 칭찬을 듣고
싶었습니다. 그러나 그것은 다윗에게는 너무나 멀리 떨어져 있
는 일이었습니다. 그래서 다윗은 고독했습니다. 그는 아주 슬펐
습니다.

태어나서 처음으로 만난 부모와의 관계.. 그것은 다윗에게는 실
패였습니다. 부모는 다윗의 마음을 채워주지 못했습니다. 그의
가슴은 여전히 공허했습니다.
하지만 그것이 끝은 아닙니다. 다윗은 계속하여 많은 사람들을
만나게 되고 가슴을 채워주는 사랑을 찾는 그의 여행도 계속 진
행되었습니다. 인생은 아직 길었습니다.

3. 다윗의 형들

부모와 자녀들과의 관계는 그리 좋지 않아도 유독 형제들의 사이가 친밀한 가정이 더러 있습니다. 그리 많다고 할 수는 없겠지만 가끔 있습니다.

다윗의 경우에는 어땠을까요? 그는 부모님께는 버림을 받았다고 느꼈지만 형제들과는 따뜻한 관계를 가졌을까요? 형제들은 그의 가슴의 일부를 채우고 따뜻하게 만들어주는 사람들이었을까요?

그렇지 않았습니다. 다윗의 형들은 위용이 준수하고 늠름한 사람들이었습니다. 사무엘이 그들을 보았을 때도 그들은 멋지게 보였습니다.

하지만 그들은 강인하기는 했지만 다윗에게 좋은 형들은 아니었습니다. 그들은 다윗을 사랑해주지는 않았습니다. 그들은 아버지 이새가 아들을 부를 때 다윗만을 부르지 않은 것에 대하여 아무도 다윗의 편에 서서 그를 옹호해주거나 이의를 제기하지 않았습니다. 아버지와 같이 그들 형제 모두가 다 다윗을 무시하고 있었습니다.

그들이 대단치 않은 존재로 여기던 막내 동생 다윗이 예상을 뒤엎고 사무엘의 기름부음을 받자 다윗의 형들은 모두 다 이에 대해서 불쾌하게 생각한 것 같습니다.

장성한 형들이 사울의 군대가 되어 전쟁에 나갔을 때 다윗은 아버지의 심부름으로 형들에게 음식을 갖다주곤 했습니다. 이 때 골리앗에게 대하여 공격적으로 말하는 다윗에게 맏형 엘리압은 마구 화를 냅니다. 너는 지금 전쟁을 구경하러 왔느냐면서 너는 마음이 아주 완악하고 교만하다고 꾸짖으며 들에 가서 양이나 치라고 꾸짖습니다.

당시에 골리압의 위세가 하늘을 찌르고 있었을 때 모든 이스라엘의 용사들은 두려워하며 떨었습니다. 다들 골리앗은 얼마나 무서운 사람인가.. 하고 말했습니다. 골리앗에 대하여 다윗처럼 담대하게 말하는 사람은 없었습니다. 다윗의 형이라면 당연히 그러한 다윗을 자랑스럽게 여기고 격려해주어야 했을 것입니다.

그렇게 다윗이 꾸지람을 받고 있을 때 다윗을 변호해준 사람은 하나도 없었습니다. 그 때는 다윗이 사무엘의 기름부음을 받은 지 얼마의 시간이 지난 때였지만 그것을 인정해주고 다윗을 기뻐하는 형들은 하나도 없었습니다. 그들의 마음속에는 보잘것없는 천덕꾸러기 막내 동생이 기름부음을 받고 이와 같이 의기

양양한 것에 대해서 여전히 불쾌감이 있는 것 같았습니다. 나중에 다윗의 형들은 다윗이 세력을 얻게 되면서 그와 합류하게 됩니다. 또한 다윗이 나중에 왕이 되었을 때 그들도 높은 지위를 얻게 되었을 것입니다. 그러나 그들 중의 어느 누구도 다윗과 친밀하고 아름다운 관계를 맺은 이들은 없었습니다.

남자 형제들의 우정에는 아름다움이 있습니다. 어린 시절에 형제들이 같이 운동도 하고 게임도 하면서 뛰어 노는 것은 아주 즐거운 추억입니다.
형제들은 좋은 팀웍을 이룹니다. 동생이 동네에서 놀다가 다른 아이들과 싸움이 생기면 형들도 같이 합세하여 싸웁니다. 그래서 '형제는 용감했다' 라는 말도 있습니다.

남자들은 나이가 들어도 친구들끼리의 모임을 좋아합니다. 아내를 사랑하고 또한 가깝게 지내는 여성들이 있어도 여성들과 대화를 나누고 교제를 나누는 것은 피곤한 면이 있습니다. 여성들은 아주 작은 일에도 상처를 받고 섬세한 면이 있어서 많은 주의가 필요하므로 대부분의 남성들은 그것을 피곤하게 여깁니다.
하지만 같은 남자들끼리 모여서 같이 어린 시절의 악동이 되어서 낄낄거리고 유쾌한 장난에 빠지는 것은 아주 즐거운 일입니다. 여성들은 왜 남자들이 결혼을 한 후에도 친구들과의 만남을 즐기는지 이해를 못할 때가 많이 있지만 그러한 우정과 만남은 남자들에게 중요한 즐거움입니다.
하지만 다윗에게는 그러한 즐거움이 없었습니다. 그에게는 형제간의 행복한 추억이 없었습니다. 그의 어린 시절은 단지 외롭고 고독했을 뿐입니다.

다윗은 부모님과의 관계에 이어서 가족 관계, 형제들과의 관계에서도 여전히 고독했습니다. 그는 그의 가슴을 채워줄 이들을 찾지 못했습니다. 그는 슬프고 외로웠습니다.
언젠가 그는 그러한 사람을 만나게 되겠지요. 진정한 사랑을 찾는 다윗의 여행은 계속되고 있었습니다.

4. 요나단과의 우정

어린 시절을 고독하게 보낸 다윗이 처음으로 우정을 가지게 된 것은 요나단과의 만남을 통해서였습니다.
요나단이 다윗을 처음 본 것은 다윗이 골리앗을 죽이고 블레셋과의 전쟁에서 큰 공을 세운 후 사울과 대화를 나누고 있었던 때였습니다.

"다윗이 사울에게 말하기를 마치매 요나단의 마음이 다윗의 마음과 연락되어 요나단이 그를 생명같이 사랑하니라
요나단은 다윗을 자기 생명 같이 사랑하여 더불어 언약을 맺었으며 요나단이 자기의 입었던 겉옷을 벗어 다윗에게 주었고 그 군복과 칼과 활과 띠도 그리하였더라" (삼상18:1,3,4)

대체 얼마나 좋아했기에 '생명 같이 사랑했다'고 하는 것일까요? 남자들끼리의 친밀한 우정이 있기는 하지만 요나단의 이와 같은 반응은 조금 특이한 것이 사실입니다. 나중에 요나단은 블레셋과의 전쟁에서 죽게 되는데 이 사실을 들은 다윗은 슬피 울

고 통곡하면서 요나단을 위하여 애절한 내용의 시를 짓고 노래합니다. 다음은 그 일부입니다.

"내 형 요나단이여 내가 그대를 애통함은 그대가 나를 사랑함이 기이하여라 그대가 나를 사랑함이 기이하여 여인의 사랑보다 승하였도다" (삼하1:26)

다윗은 요나단의 애정을 여인의 사랑보다 더 큰 것이었다고 말하고 있습니다. 그 정도로 다윗에 대한 요나단의 애정은 놀라운 것이었습니다.

왜 요나단은 다윗을 그처럼 사랑했을까요? 그것은 골리앗의 등장과 관련된 것이었습니다. 이미 언급했듯이 요나단 역시 이스라엘의 용사로서 블레셋을 격파하고 이기는 데에 큰 공을 세웠던 바 있습니다. (삼상14장) 그러나 그런 용사 요나단도 골리앗 앞에서는 꼼짝할 수가 없었습니다. 다른 이스라엘의 용사들이 그러했던 것처럼 요나단은 골리앗을 보고 두려운 마음에 사로잡혔습니다.

물론 마음 속으로는 전쟁의 승리는 오직 하나님께 있다는 것을 알고 있었습니다. 요나단도 단순히 무술과 능력으로 싸우는 사람이 아니라 하나님을 바라보는 믿음의 힘으로 싸우는 사람이었습니다. 그러나 골리앗 앞에서 그의 믿음은 역사하지 않았었습니다. 그의 영은 골리앗의 영에게 눌렸던 것입니다. 그에게도 기름부음이 있었지만 그것은 골리앗을 물리치기에는 충분하지 않았습니다.
요나단은 그러한 자신에 대해서 부끄러움을 느꼈습니다. 그런데 갑자기 혜성과 같이 나타난 하나님의 사람 다윗이 그가 두렵게 느끼던 골리앗을 물리치자 요나단은 다윗에 대한 존경심과 함께 애정을 느끼게 되었던 것입니다. 그것은 존경과 사랑과 우정이 복합된 미묘한 것이었습니다.
요나단은 다윗을 통하여 자기의 기름부음이 회복되고 증가되는 것을 느꼈습니다. 그는 이 촌스럽고 때묻지 않은 순박한 청년 다윗에게 깊은 애정이 일어나는 것을 느꼈습니다.

다윗은 비록 최초의 전쟁을 승리로 이끌었으나 여전히 촌스럽고 어리버리하였습니다. 그는 왕궁의 문화에 익숙하지 않았습니다.
그는 정식으로 임명된 군인이 아니었습니다. 그는 야구로 말하자면 대타자였습니다. 그는 이제 자기의 역할이 끝났으므로 집에 돌아가려고 하였습니다.
그러나 요나단은 그를 붙잡았습니다. 그는 다윗을 집으로 보내려고 하지 않았습니다.
그는 자기의 집으로 다윗을 불렀습니다. 그리고 많은 이야기들을 나누기 시작하였습니다. 대화를 나누면서 요나단은 점점 더 자신이 다윗에게로 빠져 들어가는 것을 느꼈습니다. 다윗은 정말 유쾌하고 솔직한 청년이었습니다.

"다윗, 나는 사울 왕의 아들 요나단이라고 한다. 오늘 너의 공로는 정말 놀라웠다. 그 막강한 골리앗을 담대하게 이기다니 정말 대단하다. 도대체 어디서 그런 무공을 배운 것인지?"

"황공합니다, 왕자님. 모든 것은 하나님의 은혜입니다. 저는 따로 무공을 배운 적이 없습니다. 다만 하나님이 이스라엘을 구원하시기 위하여 제게 힘을 주셨을 뿐입니다."

"이봐, 다윗. 나를 어렵게 생각하지 말게. 나는 자네와 동년배야. 그러니 말을 편하게 하게.
그런데 한 가지 물어볼 것이 있네. 자네는 아무런 갑옷도 없이 비무장의 평범한 옷으로 골리앗에게 나아갔는데, 대체 그의 창을 어떻게 피할 생각이었나? 그리고, 자네의 돌멩이가 골리앗의 이마에 정확하게 박히지 않았다면 자네는 살아서 돌아오기 힘들었을 텐데.. 그런데 자네는 자신이 있었나?"

"저는 잘 모릅니다. 하나님이 함께 하시지 않으셨다면 저는 골리앗을 이길 수 없었을 것입니다. 하지만 하나님이 함께 하신다면 그까짓 골리앗이 무슨 문제겠습니까? 제가 어떻게 싸웠든지 하나님은 이기게 하셨을 것입니다."

"맞아, 그것이 우리의 역사였어. 그리고 위대한 지도자인 모세와 여호수아도 같은 이야기를 계속 하곤 했네. 하지만 하나님이 누구와 함께 하시느냐, 바로 그것이 문제였어.
나도 하나님께서 과거의 위대한 선지자들, 하나님의 사람들에게 임하셨던 것처럼 내게 임하셔서 이스라엘을 구원하시는 하나님의 도구로 쓰시지 않을까 하는 기대가 있었네. 그리고 그렇게 느껴지는 순간도 있었어. 하지만 오늘 자네를 보고 확실하게 깨달았네. 하나님은 자네에게 임하여 있으며 자네를 사용하신다는 사실을 말이야. 나는 자네에게 왜 하나님이 임하셨는지, 그리고 어떻게 자네를 사용하시는지를 배우고 싶네. 그리고 알고 싶네. 자네를 따라다니면서 말이야."

요나단은 말을 마치고 다윗을 물끄러미 쳐다보았습니다. 다윗은 놀랐습니다.
"무슨 말씀을요.. 저는 미천한 양치기일 뿐입니다. 저에게 배우시다뇨. 저는 이제 다시 가서 양들을 돌보아야 합니다."
"그런 소리 하지 말게. 자네는 이제 앞으로 이스라엘의 양들인 백성들을 돌보아야 하네."
"하지만 저는 이곳이 불편합니다. 왕궁의 법도에 대해서도 잘 모르구요. 저는 고향인 시골이 저에게 더 맞는 것 같습니다."
"걱정하지 말게. 그런 것들은 다 내가 가르쳐 줄 테니까 이제 간다는 이야기만 하지 말게. 그나저나 오늘밤은 축하를 해야하니 내가 아주 별미를 맛보게 해주겠네.."
"아닙니다. 저는 배고프지 않습니다."

"허허, 이 사람. 아무리 천하의 용사라고 하더라도 음식은 먹어야 하지 않겠나?"

요나단은 껄껄 웃었습니다. 그는 다윗과 이야기를 하면 할수록 마음이 상쾌해지고 심령에서 무엇인가 불타오르는 것을 느꼈습니다. 그는 잃어가고 있었던 신앙의 열기와 내적인 기름 부으심이 다윗을 통하여 회복되는 것을 느꼈습니다.

그것은 다윗도 마찬가지였습니다. 그는 요나단이라는 호쾌한 청년을 맞아 여러 이야기를 나누며 태어나서 처음으로 따뜻한 동질감을 느꼈습니다. 그것은 처음으로 말이 통하는 사람, 동류의 사람을 만났다는 느낌이었습니다. 다윗도 마음 속에서 훈훈한 기운이 올라오는 것을 느꼈습니다.

두 사람의 우정은 계속 되었습니다. 요나단은 다윗을 데리고 다니면서 여러 가지 도움을 주었습니다.

요나단은 자기가 가장 아끼는 갑옷과 군복과 칼과 활 등의 무기도 다윗에게 주었습니다. 장수에게 있어서 아끼는 무기와 옷은 곧 그의 생명과도 같은 것입니다. 그러나 요나단은 전혀 아까워하지 않고 그것들을 다윗에게 주었습니다. 그것은 요나단의 다윗에 대한 애정이 그만큼 깊었기 때문입니다.

"요나단은 다윗을 자기 생명 같이 사랑하여 더불어 언약을 맺었으며" (삼상18:3)

요나단도, 다윗도 함께 있는 시간이 무척 즐거웠습니다. 다윗은 요나단의 도움을 통하여 왕궁 생활에 차츰 익숙해지게 되었습니다. 그는 계속하여 왕궁에 머물러 있었으며 왕궁 생활이 차츰 즐거워졌습니다.

다윗은 드디어 그의 가슴을 채워주는 사람을 만나게 된 것일까요? 요나단은 다윗이 찾았던 바로 그 사람이었을까요?

하지만 갑자기 문제가 생겼습니다. 두 사람의 우정이 심각한 위기를 맞게 되었던 것입니다.

그것은 다윗이나 요나단 자체의 문제는 아니었습니다. 문제는 사울 왕에게서 왔습니다. 백성들에게 많은 인기를 누리던 다윗을 사울 왕이 시기하게 되었던 것입니다.

처음에는 다윗도, 요나단도 그것을 심각하게 생각하지 않았습니다. 그러나 차츰 사울의 시기와 질투가 일시적인 간단한 문제가 아닌 것을 알게 되었습니다. 사울이 정말로 다윗을 죽이기로 굳게 결심한 것을 깨닫게 되었던 것입니다.

처음에 요나단은 사울 왕에게 다윗에 대하여 변호하며 둘의 관계를 회복시키려 하였습니다. 하지만 그의 중재는 통하지 않았습니다. 사울은 화를 내면서 요나단에게 말했습니다.

"이 어리석은 놈! 다윗이 살아있는 한 너와 너의 나라는 든든할 수가 없다. 어서 그를 데려와라. 그는 반드시 죽어야 한다!"

"무슨 말씀을 하시는 겁니까? 도대체 그가 무슨 악한 일을 했다는 겁니까? 왜 그를 죽여야 합니까?"

요나단은 다윗의 성품을 알고 있었습니다. 그는 다윗이 배반을 하고 쿠데타를 일으킬 만한 위인이 아니라는 것을 알고 있었습니다. 그러나 사울은 요나단의 말을 듣지 않았습니다. 그는 화가 머리끝까지 나서 요나단에게까지 창을 던지려고 하였습니다.

요나단은 그 자리를 피하여 나오면서 사울의 결심이 이미 굳게 선 것을 알게 되었습니다.

이것은 요나단에게는 중대한 갈림길에 서게 하는 문제였습니다. 그는 아버지인 사울과 친구인 다윗의 사이에 있었습니다. 그는 이제 어느 한 쪽을 선택해야 하게 되었습니다.

그는 어느 쪽을 선택해야 할까요? 그가 다윗을 선택하면 그는 아버지인 사울을 대적하게 될 것입니다. 그렇다면 그는 다윗과 마찬가지 신세가 될 것입니다. 사울은 비록 아들이라고는 하지만 요나단을 용서하지 않을 것입니다.

그러나 요나단이 그 우정을 버리고 사울의 편에 속해서 다윗을 죽일 수도 없는 일입니다.

요나단은 아픈 마음을 가지고 다윗과 헤어집니다. 다윗은 왕궁을 떠나 유랑생활을 시작하게 되었고 요나단은 들에서 그를 만나 눈물의 이별을 합니다.
"다윗이 곧 바위 남편에서 일어나서 땅에 엎드려 세 번 절한 후에 피차 입맞추고 같이 울되 다윗이 더욱 심하더니 요나단이 다윗에게 이르되 평안히 가라 우리 두 사람이 여호와의 이름으로 맹세하여 이르기를 여호와께서 영원히 나와 너 사이에 계시고 내 자손과 네 자손 사이에 계시리라 하였느니라 다윗은 일어나 떠나고 요나단은 성으로 들어오니라" (삼상20:41, 2)

이것은 가슴아픈 이별입니다. 아무도 없는 들판에서 비밀히 만나서 서로 절하고 포옹과 눈물을 나누고 축복하며 헤어지는 그들의 모습은 그들이 처한 비장한 상황을 잘 보여줍니다.
여기서 아무도 요나단의 우정에 대해서 의심하는 사람은 없을 것입니다. 그는 다윗을 위해서 최선을 다해서 변호를 했고 다윗을 죽이라는 사울의 명을 거역하였습니다. 아버지인 사울 왕에 대해서 분노하기까지 하였습니다. 게다가 눈물로 다윗을 축복해주었습니다.
하지만 과연 그것은 요나단의 최선이었을까요? 성경의 이 마지막 말씀은 두 사람의 가는 길에 대한 선명한 대조를 보여줍니다.
"다윗은 일어나 떠나고 요나단은 성으로 들어오니라"
요나단의 선택은 과연 사울이 아니고 다윗이었을까요? 그는 과연 끝까지 자기의 우정을 지킨 것일까요?

언뜻 보면 그렇게 보일지도 모릅니다. 하지만 분명한 사실이 있습니다. 다윗은 떠났고 그는 남았다는 것입니다.

다윗은 사울을 피하여 떠났고 요나단은 사울이 있는 성으로 돌아왔습니다. 그렇다면 과연 이 결과를 가지고 요나단이 다윗을 선택했다고 말할 수 있는 것일까요?

물론 요나단은 슬퍼했습니다. 울었습니다. 하지만 울었든 웃었든 어떻게 했든 간에 그는 떠나지 않고 남았습니다.

나는 오랫동안 망설이다가 신앙의 선택에 있어서 잘못된 선택을 하는 이들을 많이 보았습니다. 자매들의 경우, 불신자와의 결혼에 대하여 망설이고 고민을 하다가 결국은 결혼하는 것을 많이 보았습니다.

그들은 그 결혼에 대해서 마음이 편치 않았습니다. 타협하고 싶지 않았습니다. 하지만 상황은 어려웠습니다. 나이는 들어가고 주위에서 결혼을 재촉하는데 믿음을 가진 마땅한 결혼 상대는 나타나지 않았습니다.

그들은 괴로워하고 기도하고 하다가 결국 결혼하는 것을 나는 많이 보았습니다. 우는 사람도 있었고 심각하게 오래 고민하는 사람도 있었습니다. 그러나 중요한 것은 울었는가, 웃었는가가 아니고 결국 결혼을 했느냐 안 했느냐 하는 것입니다. 어떤 결정을 내렸느냐 하는 것입니다.

요나단은 많이 아파했습니다. 괴로워했습니다. 그러나 그는 다윗과 같이 떠나지 않았습니다. 그와 운명을 같이 하지 않았습니다. 그는 결국 아버지의 집을 선택했습니다. 다윗이 광야에서 헤매고 잠자리를 제대로 구할 수 없을 때 그는 화려한 왕궁에서 침상 위에서 잠을 잤습니다.

물론 요나단은 다윗이 떠난 후에도 그를 잊은 것은 아닙니다. 그는 황무지에 있는 다윗을 은밀히 찾아가서 용기를 북돋아 주기도 했습니다.

"사울의 아들 요나단이 일어나 수풀에 들어가서 다윗에게 이르러 그로 하나님을 힘있게 의지하게 하였는데
곧 요나단이 그에게 이르기를 두려워 말라 내 부친 사울의 손이 네게 미치지 못할 것이요 너는 이스라엘 왕이 되고 나는 네 다음이 될 것을 내 부친 사울도 안다 하니라
두 사람이 여호와 앞에서 언약하고 다윗은 수풀에 거하고 요나단은 자기 집으로 돌아가니라" (삼상23:16-18)"

요나단의 말은 옳았습니다. 그는 하나님의 영이 다윗에게 임하신 것을 알았으며 다윗이 사울에 이어서 이스라엘의 왕이 될 것을 알고 있었습니다.
하지만 그는 그러면서도 다윗을 따르지 않았습니다. 이 구절에서도 마지막에는 분명히 두 사람의 다른 운명이 언급되어 있습니다.

"다윗은 수풀에 거하고 요나단은 자기 집으로 돌아가니라"

찬송가 360장의 "예수 나를 오라 하네" 라고 하는 많이 불리우는 찬송이 있습니다. 2절의 가사에 이런 내용이 나옵니다.

"겟세마네 동산까지 주와 함께 가려하네
피땀 흘린 동산까지 주와 함께 함께 가려네"

그것이 바로 주를 사랑하는 사람의 길입니다. 진정 주를 구하는 자는 주님이 가신 마지막 길까지 따라가야 합니다.
군중들은 주님께서 병을 고치시며 오병이어의 기적으로 떡을 먹이시는 들판까지 따라갔습니다. 제자들은 팔복의 말씀을 전하는 높은 산까지 따라갔습니다.
그러나 주님이 피를 흘리던 마지막 밤에는 따라온 자들도 거의 없었고 깨어있는 자들은 더욱 없었습니다.
그러나 우리들은 당시 제자들의 실패를 되풀이해서는 안 됩니다. 주를 따르는 이들은 기쁘고 복을 받을 때뿐 아니라 주님의 고난이 가장 심각한 상황에도 따라가야 합니다.

요나단은 다윗을 사랑하였습니다. 생명처럼 사랑하였습니다. 다윗을 위하여 감정이 불탔으며 그의 사랑은 여인의 사랑과 같다고 언급될 정도로 다윗을 아꼈습니다.

그러나 그는 다윗을 끝까지 따라가지는 않았습니다. 그는 겟세마네 동산까지 따라가지는 않았습니다. 그는 많이 고민했지만 결국은 사울의 집으로 돌아갔습니다.
그는 성에서도, 왕궁에서도 계속 다윗을 그리워했을 것입니다. 그러나 그의 몸, 그의 소속은 사울에게 속하여 있었습니다.
사울의 집은 그가 거할 곳이 아니었습니다. 그 집은 멸망을 받을 집이었습니다. 사울은 하나님의 기름부음 받은 자를 대적하고 죽이려고 하는 사람이었습니다. 곧 하나님을 거역하고 대적하는 사람이었습니다.
그러나 요나단은 그런 자라도 그가 자기의 아비였기 때문에 여전히 그를 떠나지 않고 그에게 속하여 있었습니다.
요나단의 사랑은 혈연을 뛰어넘는 것이 아니었습니다. 요나단의 믿음은 혈연과 육정을 뛰어넘는 것이 아니었습니다.

요나단은 결국 사울이 전쟁 중에 죽을 때 같이 죽게 됩니다. 그가 사울과 같은 운명을 맞게 된 것은 그가 결국 사울의 사람이었다는 것을 보여줍니다. 그는 다윗의 운명을 택하지 않고 사울의 운명을 택하였습니다. 그는 영의 길을 선택하지 않고 육체와 혈연의 길을 선택하였습니다. 그는 심정적으로는 다윗과 함께 하였지만 그의 몸과 소속은 사울에게 있었습니다.
다윗은 요나단과 헤어지면서 어떻게 느꼈을까요? 그는 같이 갈 수 없는 요나단의 입장을 이해했을까요? 아마 그는 죽음을 방불

하는 위기의 삶을 겪으면서 요나단의 길과 자기의 길이 다르다는 것을 느끼지 않았을까요? 어느 정도의 배신감이나 실망감을 느끼지 않았을까요?

다윗이 쓴 시편 55편을 보면 재미있는 구절이 나옵니다.

"나를 책망한 자가 원수가 아니라 원수일진대 내가 참았으리라 나를 대하여 자기를 높이는 자가 나를 미워하는 자가 아니라 미워하는 자일진대 내가 그를 피하여 숨었으리라
그가 곧 너로다 나의 동류, 나의 동무요 나의 가까운 친우로다 우리가 같이 재미롭게 의논하며 무리와 함께하여 하나님의 집안에서 다녔도다" (시55:12-14)

다윗은 자기의 비통한 심정에 대해서 언급하고 있습니다.

그를 공격하고 괴롭히는 자가 원수라면 그것은 견딜 수 있다는 것입니다. 그를 미워하는 사람이 괴롭힌다면 그것은 참을 수 있다는 것입니다.

그러나 그가 과거에 아주 즐겁게 지내며 가까이 지내던 절친한 친구가 신앙 생활도 같이 하고 대화도 많이 나누던 친구가 그를 배신하고 공격하니 그것은 정말 견디기 어렵다는 것을 다윗은 고백하고 있는 것입니다.

다윗이 언급한 이 배신자는 누구였을까요? 혹시 그가 요나단일까요?

그것은 알 수 없습니다. 요나단 외에도 다윗과 친하게 지냈던 다른 친구가 있을 수 있습니다. 그럴지도 모릅니다. 하지만 의외로 요나단일 수도 있습니다. 사랑이 깊은 곳에 상처도 더 깊기 때문입니다. 아무튼 이 구절은 다윗이 극심한 배신감 속에서 도피생활을 했었으며 우정으로 인한 깊은 실망과 상처를 가지고 있다는 것을 보여주는 것입니다.

결국 요나단은 죽었습니다. 다윗은 그의 죽음 앞에서 심하게 통곡하였습니다. 그가 한 때 몹시 사랑했고 가까이 형제처럼 지냈던 그 관계는 오래 가지 못했고 비참하게 끝이 나고 말았습니다.
요나단은 다윗이 찾던, 그의 가슴을 채워준 사람이었을까요?
아닙니다. 그도 다윗의 가슴을 채워주지 못했습니다.
그는 다윗에게 처음으로 진지한 애정, 우정을 주었지만 그것은 충분한 것이 아니었습니다.
다윗은 그의 가슴을 채워줄 수 있는 다른 대상을 찾아야 하였습니다.

5. 첫사랑의 여인 미갈

미갈은 다윗의 첫사랑이었습니다.
그 사랑은 다윗이 시작한 것이 아니었습니다. 미갈이 먼저 다윗을 보고 좋게 여겨 사랑에 빠지기 시작했습니다.
미갈은 블레셋의 장수 골리앗으로 인하여 이스라엘이 큰 위기 가운데 있었을 때 혜성같이 나타나 그를 무찌르고 이스라엘에 승리와 영광을 안겨준 다윗을 보고 사랑에 빠졌습니다. 그의 준수함, 용기, 모든 것이 마음에 들었습니다.

하지만 다윗은 미갈의 사랑을 거북하게 여겼습니다. 모든 면에서 미갈은 자신과 격이 맞지 않는다고 여겼습니다.
자기는 촌의 목동이었습니다. 한번의 전쟁에서 큰공을 세웠다고는 하나 아직 무명의 군인에 지나지 않았습니다.
이에 비해서 미갈은 왕의 딸인 공주였습니다. 그녀는 출신이 달랐습니다. 피부도 곱고 아름다웠으며 말투의 당당함이나 세련됨.. 그 모든 것이 다윗은 높게만 보였습니다.
다윗은 고개를 흔들었습니다.

"그녀가 나를 사랑한다고? 아니야. 나는 상대가 되지 않아."
미갈은 적극적인 성격의 여인이었습니다. 그녀는 다윗에게 웃음을 지으며 자기의 마음을 표현해왔습니다. 그 때마다 다윗의 가슴은 설레었습니다. 하지만 다윗은 가난하고 신분도 천하므로 그러한 그녀의 태도에 대해서 응할 수 없다고 생각했습니다. 밤마다 다윗은 미갈을 생각했습니다. 그녀의 사랑스럽고 아름다운 모습이 떠올랐습니다. 그녀와 결혼할 수 있으면 얼마나 좋을까 생각했습니다. 하지만 그는 용기가 생기지 않았습니다.

그러던 어느 날 다윗은 좋은 소식을 들었습니다. 사울 왕이 사위에게 기대하는 것은 돈이나 선물이나 신분이 아니며 오직 이스라엘의 원수인 블레셋에게 복수하는 것이며 그 군인들 100명의 목숨을 원한다는 것이었습니다.
그 말을 듣고 다윗의 가슴은 뛰었습니다. 이미 블레셋과의 전쟁에서 승리한 그는 하나님이 함께 하신다면 충분히 그 군사들을 이길 수 있다는 자신감이 있었습니다.
왕의 원하는 것이 그것뿐이라면 다윗은 왕의 사위 되는 것에 용기를 내어볼 수 있다고 생각했습니다.

다윗은 다음날 바로 출발했습니다. 그리고 해가 저물어 돌아올 때는 왕이 요구한 선물을 가지고 있었습니다.
결혼식은 일사천리로 진행이 되었습니다. 촌사람 다윗은 일개의 목동에서 갑자기 왕의 사위가 되었습니다. 그것은 가문의 경사였으며 다윗에게도 놀라운 일이었습니다.

사울 왕이 다윗에게 블레셋 군사들의 목숨을 요구했던 것은 다윗을 위험 인물로 여기고 그를 제거하기 위한 것이었습니다. 다윗에게 일부러 무리한 조건을 요구해서 블레셋과의 전투 중에 그가 죽기를 바랐던 것입니다. 하지만 다윗이 정말 그 어려운 조건을 달성했기 때문에 사울은 반대할 명분이 서지 않았습니다. 할 수 없이 사울은 다윗을 자기의 사위로 맞아들이게 되었습니다.

다윗도 사울 왕이 자기를 탐탁하게 여기지 않는다는 것을 알고 있었습니다. 사울 왕이 자기를 죽이려고 창을 던진 것도 불과 얼마 전의 일이었습니다.

그러나 다윗은 이제 상관이 없다고 생각했습니다. 그는 사울 왕의 사위가 되었으니 더 이상 왕이 그를 공격하지 않을 것이라고 생각했습니다.

다윗은 처음 맞는 행복감에 빠져들었습니다. 미갈은 그를 극진히 대해주었습니다. 그녀는 다윗에게 있어서 신분이 높은 여인으로 예전에는 감히 쳐다볼 수도 없는 여인이었지만 이제 그녀는 다윗의 여인이 되었습니다. 그녀가 웃으며 이야기할 때 다윗은 하루의 피로가 다 사라지는 것을 느꼈습니다.

그녀는 다윗의 첫 사랑이었고 첫 여인이었습니다. 다윗도 아내의 사랑에 반응하여 깊은 사랑에 빠졌고 그 사랑을 즐거워했습니다. 다윗은 이제 모든 것이 다 잘되어가고 있다고 생각했습니다. 그는 매우 행복했습니다.

하지만 그 행복은 오래가지 않았습니다. 마지못해 결혼식을 허락한 사울은 다윗의 결혼 후에도 여전히 다윗을 노렸습니다. 다윗은 사울의 싸늘한 눈이 그를 훑고 지나갈 때마다 등골이 오싹하는 것을 느끼곤 하였습니다.
어느 날 갑자기 위기가 왔습니다. 사울이 다윗을 죽이려고 창을 던졌던 것입니다. 다윗은 급히 피하여 집으로 도망을 왔습니다. 그는 몹시 놀랐습니다. 이제 사울 왕이 자기를 죽이려고 결심한 것을 그는 알았습니다.
그는 미갈에게 말했습니다.
"미갈, 이제 큰일났소.. 당신의 아버지가 나를 죽이려고 결심한 것 같소. 지금 방금 위기를 모면하고 오는 길이오."
그가 말하고 있는데 바깥에서 요란한 소리가 났습니다. 사울이 다윗을 잡으려고 군사들을 보낸 것입니다.
미갈은 황급히 말했습니다.
"지금.. 어서 달아나세요. 여기는 제가 알아서 처리할게요. 어서 창문으로 도망하세요. 그렇지 않으면 당신은 죽어요.."
상황이 너무 황급한 지라 다윗은 창문에서 줄을 타고 살그머니 달아났습니다. 그들은 너무 급해서 이별의 대화를 나눌 수도 없었습니다. 그렇게 그들은 갑자기 헤어지게 되었습니다. 그들은 서로가 다시 만날 때까지 아주 많은 세월이 흐르게 될 것이라는 것을 알지 못했습니다.

첫사랑 미갈을 떠나면서 다윗은 미칠 것 같았습니다. 사랑하는 사람을 놓아두고 목숨을 부지하기 위하여 떠날 수밖에 없는 그의 가슴은 찢어질 것 같았습니다.
그는 요나단과 만나서 모든 정보를 듣고 더 이상 이곳에 머무를 수 없음을 알았습니다.
그는 방랑생활을 시작하게 되었습니다. 모든 이들과의 헤어짐 중에서 첫사랑이며 첫 여인인 아내 미갈과의 헤어짐만큼 다윗의 가슴을 아리게 한 것은 없었습니다. 그는 방랑생활을 시작하면서 언젠가는 반드시 돌아와 미갈을 다시 만나겠다고 다짐을 하였습니다. 그러나 다윗의 그러한 기대가 쉽게 이루어질 만큼 현실은 만만하지 않았습니다.

오랜 방랑의 세월이 흘렀습니다. 다윗은 수도 없이 미갈을 생각했습니다. 왜 그녀를 데려오지 않았을까 후회하고 한탄했습니다. 하지만 다시 돌이킬 수는 없었습니다.
위기가 있을 때 그는 하나님께 부르짖었습니다. 그리고 위기가 지나가고 긴장이 풀려서 지친 몸으로 잠자리에 누우면 그의 사랑이었던 미갈의 모습이 떠올랐습니다. 긴장이 풀어지고 잠이

드는 순간에 그는 미갈과 함께 있었던 장소, 함께 나누었던 수많은 이야기들이 떠올랐습니다.

잠이 들면 미갈의 꿈을 꾸었습니다. 그녀와 다시 만나 그리움의 말들, 아름다운 사랑의 이야기들을 주고받는 꿈을 다윗은 꾸곤 했습니다. 꿈에서 깨고 나면 다윗은 너무나 외롭고 슬펐습니다. 다윗에게 그녀는 첫사랑의 여인이었고 그것은 다윗의 뇌리에 깊숙이 박혀 있었습니다.

그녀가 생각날 때마다 다윗은 그 시절로 돌아가고 싶었습니다. 눈물이 날 것 같았습니다. 다윗은 언젠가는 다시 그녀를 만날 날이 있을 것이라고 생각하며 마음을 추슬렀습니다.

시간이 더 지나고 도피 생활과 전쟁이 끝나는 시점이 가까워졌습니다. 그를 쫓던 사울 왕이 전쟁에서 죽었던 것입니다.

다윗의 가슴은 뛰었습니다. 이제 조금 더 있으면 미갈을 만날 수 있게 된 것입니다. 그는 오랜 방랑 생활에서 미갈을 단 하루도 잊은 적이 없었습니다.

아직 전쟁이 완전히 끝난 것은 아니었습니다.

사울은 죽었지만 그의 추종자들은 여전히 존재하고 있었습니다. 그러므로 그들을 이겨야만 다윗은 명실상부한 승리자이며 왕이 될 수 있었습니다.

그러나 사울이 죽었을 때 그들의 세력은 거의 끝이 난 것이었습니다. 이제 다윗의 승리는 시간 문제일 뿐이었습니다. 다윗은 이제 조금만 있으면 미갈을 만날 수 있을 것이라고 생각했습니다. 이미 세월이 많이 지났기 때문에 미갈이 여전히 다윗의 아내로서 그를 기다리고 있을 것이라고는 생각지 않았습니다.
하지만 그것은 다윗에게는 상관이 없는 일이었습니다. 그녀가 다른 사람의 아내가 되었다고 해도 다윗은 여전히 그녀를 사랑했으며 그녀를 다시 얻어야 한다고 생각했습니다. 왜냐하면 그녀는 다윗의 첫 여인이었기 때문입니다.

어느 날 적군의 진영에서 사자가 왔습니다. 그는 적장인 아브넬이 보낸 사람이었습니다. 그는 다윗에게 항복할 것이며 다윗을 왕으로 세울 테니 그들을 받아달라고 제의를 해왔습니다.
다윗은 조건을 걸었습니다. 다윗이 그들의 제의를 받아들이기 위한 조건을 이야기하는 데는 잠간의 시간도 걸리지 않았습니다.
"좋다. 너의 제의를 다 들어주겠다. 하지만 한 가지 조건이 있다. 나를 보러 올 때에 사울의 딸 미갈을 데리고 오라. 그는 내 아내다. 그를 데리고 오지 않으면 내 얼굴을 볼 수 없을 것이다."
이렇게 말하면서 다윗의 가슴은 뛰었습니다. 드디어 꿈에도 그리던 첫 사랑의 여인을 재회할 수 있게 된 것입니다. 그 동안 그녀는 어떻게 변했을까요!
다윗의 전언을 들은 아브넬 장군은 놀랐습니다. 그는 다윗이 다른 엄중한 조건을 내걸지는 않을까 걱정이 되었었던 것입니다. 전쟁의 종식을 위한 조건이 이미 남의 아내가 되어버린 첫 사랑의 여인을 데리고 오는 것이라니 참 희한한 일이라고 아브넬은 생각했습니다.

미갈은 다윗이 떠난 후 발디엘이라는 사람의 아내가 되어 있었습니다. 미갈은 아브넬의 명령을 듣고 아브넬이 있는 곳으로 왔습니다.
그의 남편인 발디엘은 미갈이 가는 것을 보고 울면서 한 동안을 쫓아왔습니다. 그는 아내를 지극히 사랑했던 것입니다. 하지만 아브넬이 집으로 돌아가라고 명령하므로 그는 다시 울면서 돌아갈 수밖에 없었습니다.
한 나라의 총 사령관이 명령하는데 아내를 보내지 않겠다고 말할 수 있는 사람은 없었습니다. 전쟁을 끝내기 위해서 그의 아내를 내 놓으라고 하는데 발디엘이 이를 거절한다면 아브넬은 발디엘을 살려두지 않았을 것입니다.
이렇게 해서 다윗은 다시 미갈을 만나게 되었습니다. 하지만 이전에 그가 권력에 의해서 사랑하는 사람과 헤어지게 된 것처럼 이제는 다른 사람이 권력에 의해서 미갈을 두고 울면서 괴로움을 겪으며 떠나게 되었습니다.
그것은 다윗의 책임이라고 할 수는 없을 것입니다. 다윗은 피해자였습니다. 또한 미갈도 피해자였습니다. 그리고 발디엘도 피해자였습니다. 그 모든 아픔의 시작과 근원은 사울이었고 다른 모든 이들은 잔인한 아픔을 겪을 수밖에 없었습니다.

자, 이제 모든 문제는 해결되었습니다. 다윗은 드디어 오랫동안 그리워하고 사랑했던 여인 미갈을 만날 수 있게 되었습니다. 이 야기는 해피엔딩으로 끝났습니다. 자.. 그렇다면 그들은 행복 했을까요?
아닙니다. 사실 이야기는 해피엔딩으로 끝나지 않았습니다. 첫 사랑의 여인을 그리워했던 다윗은 드디어 우여곡절 끝에 그녀 를 다시 만나서 아름다운 사랑을 이루고 행복하게 살았다.. 이 렇게 끝나야 하는데 그렇게 끝나지 않았습니다.

다윗은 그리던 그녀와 다시 만났습니다. 하지만 이상하게도 다 윗은 그녀와 어떤 벽이 있는 것을 느꼈습니다. '이 사람이, 이 여인이.. 과연 내가 그렇게 그리워하던 여인이란 말인가?' 다윗 은 말로 표현하기 어려운 미묘한 기분을 느꼈습니다.
다윗이 그녀와 첫 사랑에 빠졌을 때는 아주 젊을 때였습니다. 연애의 경험도 없고 인생의 경험도 없이 그저 순박할 때였습니 다. 그 때 다윗에게 있어서 미갈의 모습은 아름다움 그 자체였 습니다. 그 때 미갈의 모든 말들은 귀여움과 사랑스러움 그 자 체였습니다. 다윗에게 모든 것은 그저 아름답고 신비하게 보였 습니다.

그러나 이제는 달라졌습니다. 다윗은 이제 많은 고난과 훈련을 통하여 사람을 보는 눈이나 분별력이 많이 증가되었습니다. 그가 본 미갈은 그의 마음속에서 생각하던 그 여인이 아니었습니다.

무엇보다 결정적인 거리감이 있었습니다. 그것은 하나님에 대한 열정이었습니다. 신앙의 문제였습니다.
다윗은 인생의 많은 위기와 고난을 통해서 많이 부르짖으며 기도를 쌓았고 하나님을 더 깊이 알고 갈망하게 되었습니다.
그러나 미갈은 달랐습니다. 그녀는 태어나고 자라기를 편안한 곳에서 태어나 어려움이 없이 자랐고 하나님에 대한 사모함이나 갈망에 대해서는 별로 관심이 없었습니다.
이 신앙의 문제는 두 사람에게 있어서 가장 근원적인 문제였습니다. 그런데 어느 날 두 사람의 신앙관이 결정적으로 부딪치는 사건이 생겼습니다.
그 날은 하나님의 법궤를 다윗 성으로 모시고 오는 행사가 있는 날이었습니다.
사람들이 궤를 메고 오는데 온 이스라엘 족속이 즐거이 찬양을 하고 나팔을 불며 궤를 모시고 있을 때 다윗은 너무나 즐거워서 힘을 다하여 춤을 추고 있었습니다.
다윗은 원래 솔직하고 소박한 성품이었습니다. 그는 사람들 앞에서 자신을 꾸미는 것을 좋아하지 않았습니다. 그는 자기를 높이러고 거드름을 피우고 하는 것과는 애당초 거리가 먼 사람이었습니다.

보통의 다른 사람이었다면 한 나라의 왕으로서 많은 백성들 앞에서 함부로 춤을 추는 모습을 보여주지는 않았을 것입니다. 그러나 다윗은 달랐습니다. 그는 사람들이 뭐라고 하든지 말든지 그의 감사와 사랑을 하나님께 표현하고 싶었습니다.

그는 그의 평생에 베풀어주신 하나님의 은혜가 너무나 감격스러웠습니다.

낮고 천한 목동을 불러내어 기름 부어 주시고 삶의 많은 위기의 순간에서 구원하여 주신 하나님의 사랑과 은혜를 생각하면 그는 너무나 감사해서 가슴이 터질 것 같았습니다. 그러므로 그는 하나님 앞에서 예배를 드리며 기쁨을 이길 수 없어서 춤을 추며 노래한 것입니다. 그의 눈에는 사람이 보이지 않았습니다. 오직 하나님의 영광만이 보였을 뿐입니다.

미갈은 그 때 성안에 있었습니다. 그리고 창문을 통해서 다윗 왕이 춤을 추는 것을 보았습니다. 얇은 옷을 입고 힘을 다하여 춤추고 있는 다윗을 보았습니다. 그는 다윗을 업신여겼습니다. 부끄러운 것을 모르는 왕이라고, 역시 천민 출신은 다르다고 생각했습니다.

다윗이 모든 행사를 끝내고 성에 들어왔을 때 미갈이 다윗에게 가서 말했습니다.

"이스라엘 왕이 얼마나 영화로우시면 계집종들 앞에서 몸을 드러내세요? 마치 방탕한 자가 술이 취해서 몸을 드러내는 것 같군요."

그녀는 다윗에게 비아냥거리면서 말했습니다. 말의 형식은 공손했지만 그 내용은 모욕적이기 짝이 없는 말이었습니다. 이 나라에서 감히 다윗에게 그렇게 말 할 수 있는 사람은 없었습니다. 다윗은 그녀를 뚫어지게 쳐다보았습니다. 그리고 대답했습니다.

"내가 방탕한 자와 같다고? 내가 천한 것들 앞에서 몸을 드러냈다고? 잘 들어라. 나는 사람의 앞에서 춤을 춘 것이 아니다. 나는 하나님을 높이기 위해서 춤을 춘 것이다. 하나님은 너와 네 아비 집을 버리시고 나를 선택하셨다. 나의 모든 삶은 오직 하나님의 은혜다. 그렇기 때문에 나는 그 하나님의 은혜에 감사하고 높이기 위해서 하나님 앞에서 뛰놀면서 춤을 추는 것이 당연한 것이다. 그리고 어떤 자도 나를 함부로 볼 수 없을 것이다."

미갈은 다윗이 무서워졌습니다. 그녀는 한 마디도 할 수 없었습니다. 다윗은 문을 닫고 나갔습니다. 갑자기 그에게 선명한 깨달음이 왔습니다.

다윗, 그 자신은 하나님께 속한 사람이며 미갈은 다윗의 여인이 아니라는 것입니다. 그녀는 그녀의 아버지인 사울에게 속한 사람이었습니다.

사울은 처음에 하나님의 선택을 받았지만 하나님의 종이 되는 것을 거절하고 자기의 기쁨과 영광을 위해서 산 사람이었습니다. 자기의 명예와 체면, 자존심을 위해서 살았으며 자기의 즐거움을 위해 하나님을 대적한 사람이었습니다.
그의 딸 미갈도 아버지와 같았습니다. 그녀는 겉으로 아름답고 도도했지만 그 마음의 중심에는 하나님이 없었습니다. 그녀는 우아하고 멋이 있었고 매력적이었지만 그것은 세상적인 매력과 아름다움이었지 하늘의 아름다움이 아니었습니다. 그녀의 중심에는 자기 자랑과 육신의 영광, 땅의 영광만이 가득했습니다. 그녀는 하늘의 사람이 아니고 땅의 사람이었습니다.

다윗은 방을 나가면서 고개를 저었습니다.
"저 여인은 아니다. 저 여인은 내가 사랑했던, 내가 생각했던 사람이 아니었어. 그녀의 길과 나의 길은 다르다. 우리는 서로 다른 세계의 사람이야."
다윗은 그 날 이후로 그녀를 만나지 않았습니다. 그는 오랜 세월 그녀를 그리워하였으나 그 사랑은 지속되지 못했습니다. 두 사람의 만남은 처음부터 맞지 않았던 것입니다.
첫 사랑의 여인 미갈도 다윗의 가슴을 채워주지 못했습니다. 다윗의 마음은 여전히 공허하였습니다.

6. 환란 중에 만난 여인 아비가일

다윗은 인생의 가장 어려운 시기에 아비가일을 만났습니다. 다윗은 이 때 사울을 피해 도피 중이었고 여러 번 목숨을 잃을 뻔한 위기를 넘겼던 상황이었습니다.
사랑하는 이들과 다 헤어지고 도피 생활로 지칠 대로 지친 데다가 여러 번의 위기를 겪으면서 다윗의 마음은 몹시 황량하고 긴장된 상태에 있었습니다.
그 때에 사무엘이 죽었다는 소식이 전해졌습니다. 사무엘은 다윗을 찾아내 기름을 부은 이스라엘의 대표적인 선지자로 다윗의 정신적인 후견인과 같은 사람이었습니다. 그가 죽었다는 말을 듣고 다윗은 더욱 힘이 빠졌습니다.

많은 추종자들과 함께 지내면서 식량도 여의치 않을 무렵 다윗은 그 지방에 사는 부자 나발의 이야기를 들었습니다. 그는 그 근방에서 널리 알려진 거부로서 양이 삼천이고 염소가 일천 마리나 되었습니다.
다윗은 그 부하들을 통하여 나발의 양치기들이 양을 돌보는 것을 도와주었습니다. 밤낮 동안 양들을 같이 지키며 양이 맹수에게 찢기지 않도록 보호를 하여 주었습니다.

그렇게 선대한 후에 다윗은 나발에게 사람을 보내어 식량에 도움을 줄 것을 청했습니다. 다윗은 이스라엘의 영웅으로 널리 알려진 사람이었고 백성들에게 인기가 있었습니다. 그가 사울의 시기 때문에 쫓기고 있다는 사실을 이스라엘의 백성들은 다 잘 알고 있었습니다. 그러므로 다윗은 나발이 자기의 청을 거절하지 않을 것이라고 생각하였습니다.

하지만 다윗의 기대와는 달리 나발은 다윗을 무시하고 모욕하며 그 요청을 일언지하에 거절해버렸습니다. 다윗의 부하에게 나발은 거침없이 말했습니다.

"뭐, 다윗이라고? 그 놈은 또 뭐 하는 놈이냐? 뭐 하는 놈이기에 주인을 떠나 거리에서 방황한다는 말이냐? 그런 놈에게 내 귀한 양식을 달라고? 내가 미쳤느냐?"

다윗의 부하들은 그의 말을 다윗에게 그대로 전했습니다. 보고를 받은 다윗은 진노했습니다. 그는 즉시 명령을 내렸습니다.

"모두가 완전 무장을 하라. 우리는 지금 나발에게 가서 그들을 완전히 쓸어버릴 것이다. 그렇게 무례한 놈은 살려두어서는 안 된다."

다윗의 분노는 정당한 것이었을 지도 모릅니다. 누구라도 정당해 보이는 요구에 대하여 그런 식으로 무례하게 거절당할 때 참기는 어려웠을 것입니다.
하지만 그러한 이유로 나발에 속한 모든 사람을 다 죽이겠다는 다윗의 분노는 납득하기 어려운 것이 사실입니다. 아마 그는 오랜 도피 생활에 마음이 너무나 긴장되고 척박해졌는지 모릅니다. 그래서 여유를 잃어버리고 사소한 상황에서도 극도의 분노를 느끼게 되었는지도 모릅니다.
아무튼 다윗은 부하들을 이끌고 나발의 집으로 달려가면서도 마음이 편치는 않았을 것입니다. 피곤하고, 지치고. 그리고 화가 나고.. 그런 상태에서 다윗은 나발의 집으로 가고 있었습니다.

나발은 그러한 상황에 대하여 아무 것도 모르고 있었습니다. 무심코 던진 그의 무례함 때문에 그의 생명이 바람 앞에 촛불같이 된 상황을 그는 전혀 알지 못하고 파티에 빠져서 즐기며 먹고 마시고 있었습니다.

이 상황은 그의 아내 아비가일에게 알려졌습니다. 완악하고 미련한 나발에 비하여 아비가일은 아름답고 총명한 여인이었습니다. 그는 자신이 지혜롭게 행동하지 않으면 자기의 집이 큰 위험에 빠질 것을 알았습니다.
아비가일은 빨리 움직였습니다. 그녀는 급히 식량을 마련하여 나귀에 싣고 다윗의 진을 향하여 떠났습니다.

그리고 다가오는 다윗을 도중에 만나 나귀에서 내려 다윗에게
엎드렸습니다. 그녀는 엎드려서 다윗에게 말했습니다. 그녀의
말은 지혜로웠으며 논리에 빈틈이 없었습니다.
그녀는 말하기를 나발은 악한 행동을 했고 못된 사람이지만 그
는 몹시 미련한 자이니 그를 상대하지 말라는 것,
심판은 하나님께 달려 있으니 당신의 손에 피를 묻히는 것을 하
나님이 기뻐하시지 않는다는 것,
당신은 하나님이 세우신 이스라엘의 지도자이니 나중에 왕이
되신 후에 이처럼 사소한 일로 피를 흘린다면 그것이 마음에 걸
리지 않겠느냐는 것,
당신의 일생에 악한 일이 없는 데 이런 일로 흠을 만들지 말라
는 것,
자신은 다윗의 부하들이 온 것을 알지 못했으며 만약 알았다면
결코 그냥 보내지 않았을 것이라는 것을 말하면서 지금이라도
급하게 약간의 양식을 가져왔으니 노여움을 푸시라는 것.. 등을
지혜로우면서도 겸손한 자세로 말했습니다.

그녀의 겸손하면서도 슬기로운 말은 흥분 상태에 있던 다윗의
마음을 움직였습니다. 다윗은 대답했습니다.
"너를 보내신 하나님을 찬양하노라. 너의 지혜는 참으로 놀랍
구나. 너에게 복이 있기를 바란다. 하나님께서 너를 내게로 보
내어 나를 막지 않았다면 내일 아침까지는 결코 나발을 살려두

지 않았을 것이다. 하지만 이제 네 말을 듣고 나는 돌아가겠다. 너도 평안히 집으로 돌아가라."

아비가일의 지혜로운 처신이 일촉즉발의 위기에 있었던 나발의 목숨을 구했습니다.

아니, 구한 것도 아니었습니다. 나발은 그 상황에서도 술이 취해있었으나 나중에 술이 깬 후에 모든 상황을 전해듣고 놀라서 비로소 두려워하며 충격 속에 있다가 불과 열흘 후에 죽고 말았습니다.

다윗은 아비가일과 헤어진 후에 그녀의 아름다우며 지혜로운 모습이 계속 뇌리에 남았습니다. 그녀의 말솜씨는 분노한 다윗의 마음을 어루만져주었으며 외로움과 그리움으로 가득한 다윗의 가슴을 따뜻하게 하는 요소가 있었습니다.

다윗은 아비가일을 보고 사랑을 느꼈습니다. 그녀와 함께라면 도피생활의 외로움에 큰 위안이 될 것 같았습니다. 그러나 그녀는 남편이 있는 여인이었기에 어찌할 수 없었습니다.

그러다가 다윗은 그녀의 남편이 죽었다는 소식을 듣고 아비가일을 아내로 삼기를 원한다는 전언을 보냈습니다.

아비가일은 지체 없이 다윗에게로 와서 아내가 되었습니다. 미련하고 완악하며 비인격적인 전 남편의 모습에 정이 떨어져서일까요? 아무런 망설임도 없이 그녀는 신속하게 다윗을 따라 나섰습니다.

거부의 아내로 있기 보다 비록 도피생활을 하고 있지만 미래의 왕으로서의 가능성을 가지고 있는 다윗을 그녀는 즐거운 마음으로 따랐습니다. 아마 지혜롭고 아름다운 그녀의 합류는 다윗에게 피난 생활에서도 큰 위로와 힘이 되었을 것입니다.

두 사람의 사랑은 그 후 어떻게 되었을까요? 아비가일은 다윗이 왕이 된 후에 자연히 왕비가 되었습니다. 하지만 아비가일이 다윗의 마음을 완전히 채워준 것 같지는 않습니다. 다윗은 왕이 된 후에도 아비가일 외의 많은 여인들을 아내와 첩으로 얻으며 많은 자녀들을 낳았습니다. 그는 아비가일로도 만족할 수 없었는지 모릅니다.

그녀는 단순히 피난 생활, 어려움 속의 위안에 불과한 여인이었을까요? 아비가일의 이야기는 더 이상 성경에 등장하지 않습니다. 다윗은 잠시 그녀를 사랑했지만 그리고 그녀는 잠시 다윗에게 힘을 주었지만 그러나 다윗의 가슴을 채워주지는 못하였습니다. 다윗의 여행은 아직 끝나지 않았습니다.

7. 불륜의 사랑 밧세바

다윗의 일생 중에서 가장 지우고 싶은 이야기가 있다면 바로 밧세바와의 불륜 사건일 것입니다. 순간적인 충동의 범죄를 통하여 전쟁터에 나가있는 충실한 부하까지 죽이게 되었던 이 밧세바와의 사건은 하나님의 마음에 합한 사람인 다윗의 생애에 있어서 가장 치명적인 오점이 되었습니다.
밧세바와의 사건이 있었을 때 당시의 배경을 살펴보면 다윗의 나이는 52세 정도였으며 밧세바의 나이는 19세 정도였던 것으로 알려져 있습니다. 이러한 나이 차이를 보면 이 사건이 얼마나 심각한 범죄이며 부끄러운 일이었는지를 알 수 있습니다. 그녀의 나이는 다윗에게 막내딸 정도의 나이였던 것입니다.

신앙과 영성은 삶의 고난과 어려운 여건에서 더 간절해지는 것 같습니다. 형편이 안정되고 여유가 생기면 일반적으로 주님께 대한 사모함과 갈망이 줄어드는 것 같이 보입니다. 그것은 다윗의 경우도 예외는 아닌 듯 합니다.
다윗의 당시 상황은 환경적으로는 가장 안정되고 편안한 상태였습니다. 그는 이미 존경받는 왕이었으며 그의 나라는 부강하고 군대는 막강해서 그가 직접 전쟁에 참여하지 않아도 그의 군대는 연전 연승을 이루었습니다.

이러한 상황이 다윗에게 긴장감이 사라지게 했을까요? 평생을 전쟁과 위기 속에서 살면서 위기 때마다 하나님의 은혜를 갈구하던 다윗은 이제 상황이 안정되자 오히려 활기를 잃어버리고 신앙적으로나 영적으로나 나태하고 둔해진 모습을 보여줍니다. 다음의 성경 구절은 당시 다윗의 영적 상태를 잘 보여주고 있습니다.

"해가 돌아와서 왕들의 출전할 때가 되매 다윗이 요압과 그 신복과 온 이스라엘 군대를 보내니 저희가 암몬 자손을 멸하고 랍바를 에워쌌고 다윗은 예루살렘에 그대로 있으니라
저녁때에 다윗이 그 침상에서 일어나 왕궁 지붕 위에서 거닐다가 그곳에서 보니 한 여인이 목욕을 하는데 심히 아름다워 보이는 지라" (삼하11:1, 2)

다윗의 부하 장군들과 온 군대는 전쟁을 하러 갔는데 다윗은 예루살렘에 혼자 남아있었습니다. 그리고 하루 종일 침상에서 빈둥거리다가 저녁때나 되어서 간신히 일어납니다. 부하들은 목숨을 건 전쟁을 하고 있는데 그 혼자서 게으름과 안이함 속에 빠져 있는 것입니다.

하루 종일 늦잠을 잔 그는 저녁이 되어 바람이나 쐴까 하고 왕궁 지붕을 걸어다닙니다. 게슴츠레한 눈을 하고 말입니다. 그 혼미하고 멍청한 정신 상태로 여기 저기 구경을 하고 있다가 한 여인이 목욕하는 것이 눈에 들어옵니다.

그는 순간에 정욕에 사로잡힙니다. 그리고는 부끄러운 줄도 모르고 악의 구렁텅이에 빠져 들어가게 됩니다. 영적으로 깨어있고 준비되어 있지 않다면 아무리 그가 과거에 기도의 사람이고 하나님의 사람이었다고 해도 마귀의 유혹에 무참하게 넘어질 수 있는 것입니다.

여태까지 다윗의 삶 속에서 이런 죄는 없었습니다. 비록 여러 여인들을 사랑하기는 했지만 어엿이 남편이 있는 여인을 범한 적은 없었던 것입니다.

죄의 속성은 마치 에스컬레이터와 같아서 한번 올라타게 되면 도중에 내리는 것이 어렵습니다. 얼떨결에 죄에 빠진 다윗은 그의 순간적인 실수를 회복하려고 애를 쓰지만 그럴수록 상황은 더욱 더 복잡해집니다.

여인은 곧 바로 임신을 해버립니다. 다윗은 문제를 숨기기 위해서 여인의 남편인 우리아를 전쟁터에서 부르지만 충실한 부하인 우리아는 집으로 들어가지 않습니다. 그의 상관들이 전쟁터에 있는 데 자기만 혼자 편하게 집에 가서 아내와 잠을 잘 수 없다는 것입니다. 여인이 임신한 아이를 남편의 아이로 위장하여 자신의 범죄를 덮으려던 다윗은 더욱 더 불안해집니다. 그의 진실한 태도는 다윗의 행위와 얼마나 차이가 나는 것이었을까요! 다윗은 우리아의 그 모습을 보면서 얼마나 속으로 부끄러웠을까요! 그리고 얼마나 불안했을까요! 그는 얼마나 양심의 가책을 받았을까요!

하지만 이제 모든 것은 엎질러진 물이었습니다. 도저히 사태 수습이 불가능하자 다윗은 부하 요압을 시켜서 우리아를 죽이고 맙니다.

다윗은 이로써 모든 상황이 끝났다고 생각했을 것입니다. 물론 상황은 끝나지 않았습니다. 하나님은 모든 것을 보고 계셨습니다. 그리고 그 날부터 피의 대가가 지불되기 시작했습니다. 다윗은 오랜 세월 동안 이 사건의 대가를 지불해야 했습니다. 이것은 우리 모두가 다 잘 알고 있는 사건들입니다.

도대체 다윗은 왜 그런 죄에 빠진 것일까요? 그는 이제 모든 것을 다 얻었습니다. 그는 하나님의 기름부음을 받았고 그로 인하여 많은 환란을 겪었습니다. 그러나 이제 그는 그 모든 환란을 통과했고 기름부음을 완성하였으며 드디어 왕이 되었습니다. 그리고 그의 대적들은 이제 거의 다 사라져가고 있었습니다.

그는 사랑했었던 미갈도 다시 얻었습니다. 그리고 다른 아내와 첩도 얻었습니다. 그런데 그가 무엇이 부족해서 또 다시 다른 여인을 얻은 것일까요? 그의 마음속에 사랑에 대한 갈망이, 채워지지 않은 갈망이 사라지지 않고 남아있었던 것일까요? 그는 아직도 그의 가슴을 채우지 못한 그 사랑에 대하여 찾고 탐닉한 것이었을까요?

밧세바는 다윗에게 있어서 마지막 여인이었습니다. 어쩌면 다윗이 추구했던 마지막 사랑일지도 모릅니다. 다윗의 왕위를 계승한 솔로몬도 밧세바의 몸에서 나왔습니다. 밧세바는 다윗이 평생 찾았던 그 여인이었고 그 사랑이었고 다윗의 가슴을 채워준 그런 이상적인 사랑의 여인이었을까요?

아닙니다. 아마 아니었을 것입니다. 이것은 진정한 사랑이 아니었습니다. 이것은 다만 실수이며 불륜이며 범죄였습니다. 솔로몬이 다윗을 이어 왕이 된 것은 범죄에도 불구하고 불쌍히 여기시는 하나님의 은혜로 말미암은 것이지 진정한 사랑에 대한 축복은 아니었습니다.

다윗의 밧세바에 대한 애정은 사랑이기보다는 본능의 충동과 같은 것이었습니다. 그것은 영적으로 혼미한 상태에서의 충동이었습니다. 다윗이 밧세바가 낳은 첫 번째 아기나 두 번째 아이인 솔로몬에 대하여 깊은 애정을 보인 것은 그의 죄책감으로 인한 것이지 밧세바에 대하여 다윗이 특별한 사랑을 했었기 때문은 아니었습니다.

밧세바는 어떤 여인이었을까요? 그녀 역시 아름답고 진실한 여인이라고 할 수는 없었습니다.

그녀의 외모는 아름다웠을 것입니다. 그러나 그녀는 별로 지혜로운 것 같지 않습니다. 오히려 멍청함에 가까운 것 같습니다.

다윗이 죽은 후 왕위 계승의 후계자 문제를 놓고 한 바탕의 난리가 있었습니다. 다윗의 두 번째 아들인 아도니야가 자신의 계승권을 주장했던 것입니다. 우여곡절 끝에 원래 다윗의 의도대로 솔로몬은 왕위를 계승하게 되었습니다.

그런데 왕위 계승이 마무리 된 지 얼마 후에 아도니야는 솔로몬 왕의 어머니인 밧세바에게 슬그머니 나타납니다. 그리고 부탁할 것이 있다고 하면서 다윗 왕을 잠시 모신 적이 있는 아비삭을 자기 아내로 달라고, 그것을 솔로몬 왕에게 잘 말해달라는 것입니다.

그것은 누가 봐도 어처구니없는 부탁이었습니다. 아비삭이 비록 다윗과 동침을 하지 않았다고 해도 형식적으로는 아도니야의 어머니뻘입니다. 아버지의 아내이니 당연히 그런 것입니다. 그런데 그런 사람을 자기 아내로 달라고 하니 그것이 말이 되겠습니까..

아도니야는 그것을 교묘하게 애정으로 가장했을 것입니다. 자기가 아비삭을 사랑하니 제발 아내로 삼게 해달라고 말입니다. 하지만 그의 의도는 무엇일까요? 그것은 아버지의 아내를 아내로 맞는 자신의 위치, 즉 실제적인 왕은 자신이며 솔로몬의 왕위 계승이 잘못되었다는 것을 은근히 부각시키려는 것입니다. 이것은 어처구니없는, 비상식적인 요구였습니다. 그런데 왜 아도니야는 그것을 밧세바에게 부탁했을까요? 어쩌면 어린 동녀 아비삭에 대한 밧세바의 질투심을 이용했을 수도 있습니다. 아니면 밧세바 당신도 과거에 어린 나이에 다윗의 눈에 들어 왕비가 되었으니 아도니야도 비슷하게 어린 나이의 아비삭에게 사랑에 빠졌다는 식의 감성적인 논리에 마음이 약해질 것이라는 계산을 했을지도 모릅니다.

분명한 것은 이 답답한 밧세바가 아도니야의 부탁을 듣고 그것을 수락했다는 것입니다. 그러한 아도니야의 계략이 그녀의 아들인 솔로몬의 명예를 엄청나게 실추시킨다는 사실을 전혀 모르고 말입니다. 그녀는 그 정도로 멍청했습니다. 외모는 아름다웠지만 인생을 그 정도로 오래 살았어도 머리는 별로 돌아가는 편이 아니었던 것입니다. 물론 지혜로운 왕 솔로몬은 어머니인 밧세바의 청을 묵살합니다. 그는 말합니다.
"어머니, 그걸 말이라고 하세요? 차라리 제 왕위를 그에게 주라고 하시지요?"
그는 그 자리에서 명령을 내려 아도니야를 죽이고 맙니다.

밧세바는 아름다운 여인이었습니다. 그러나 지혜로운 여인은 아니었습니다. 또한 그녀는 별로 순결한 여인이라고 보기도 어려웠습니다. 다윗 왕이 그녀를 불렀을 때 그녀는 그것을 저항할 수 있었습니다. 유부녀로서 그렇게 할 수 있었습니다. 이스라엘의 율법은 아무리 왕이라도 남편이 있는 여인을 함부로 범할 수 없었습니다.

하지만 그녀는 왕을 거부하지 않았습니다. 게다가 그녀는 한술 을 더 떴습니다. 그녀는 다윗을 만날 때 '부정함을 깨끗하게 했다' 고 하였습니다. (삼하11:4)

다시 말하자면 임신할 기간이 아닌 것을 은연중에 암시한 것입니다. 그녀는 다윗의 유혹을 거절한 것이 아니라 어떤 면에서 적극적으로 받아들였다고 볼 수도 있습니다.

게다가 그녀의 말에도 불구하고 그녀가 얼마 후에 다윗에게 잉태한 것을 보고한 것을 보면 사건의 정황이 처음부터 의심스럽게 됩니다. 그녀는 임신의 위험이 없다고 다윗을 안심시킨 후에 곧 다윗에게 자신이 임신했음을 말했습니다.

그녀는 처음부터 의도적인 것은 아니었을까요? 그녀는 처음부터 다윗의 왕궁 지붕에서 자신의 욕실이 보이는 것을 알고 처음부터 계획적으로 다윗을 실족시킨 것은 아니었을까요? 그녀는 처음부터 다윗을 유혹하여 아이를 잉태하고 남편을 제거한 후에 왕비가 되려는 계획을 가진 것은 아니었을까요?

그것은 아무도 알 수 없는 일입니다. 하지만 분명한 사실은 밧세바가 정숙한 아내는 아니었다는 것입니다.

그녀는 다윗을 거부할 수 있었습니다. 그러나 하지 않았습니다. 그녀는 남편인 우리아가 전쟁터에서 예루살렘으로 왔을 때 자신의 죄를 고백하고 우리아에게 용서를 구할 수 있었습니다. 그러나 그녀는 그렇게 하지 않았습니다.
얼마 후에 우리아는 죽고 밧세바는 남편의 죽음 앞에서 통곡합니다. 하지만 그녀는 진심이었을까요? 양심에 찔리지 않았을까요? 그녀는 남편의 죽음에 아무런 의혹이 없다고 믿었을까요? 아무튼 그녀는 통곡을 하고 나서 곧 다윗의 아내가 되어 아이를 낳습니다. 그녀는 정숙한 아내가 아니었습니다.

이 불행한 사건은 하나님의 사람 다윗의 입장에서는 한없이 부끄럽고 괴로운 오점이지만 또한 동시에 그의 인간적이고 연약한 모습을 보여준다는 면에서 공감이 가기도 합니다.
하나님의 사람도 깨어있지 않을 때 그처럼 넘어지고 망가질 수 있다는 것, 그리고 또한 그렇게 넘어진 사람도 회개하고 주의 은혜를 구할 때 하나님은 여전히 그에게 은혜를 베푸시며 성경은 여전히 그를 하나님의 마음에 합한 사람이라고 부르시고 예수 그리스도를 그의 가계에서 나오게 하시는 등 은총을 거두지 않으셨다는 것을 우리에게 보여주고 있는 것입니다.

그것은 우리와 같이 평범하고 연약하여 잘 넘어지는 사람들도 계속 회개하고 사모하여 주의 은혜를 구한다면 하나님께서 계속적인 은총을 베풀어주실 것이라는 확신과 용기를 얻게 하는 것입니다.

밧세바는 다윗의 진정한 사랑이었을까요? 다윗은 그녀로 인하여 그 가슴의 채워짐을 얻었을까요?

아니었을 것입니다. 그 사랑은 다윗의 가슴에 일생동안 잊을 수 없는 죄책감과 낙담과 슬픔을 가져다주었습니다.

다윗은 선지자 나단의 책망을 받고 침상이 눈물 바다가 되도록 회개합니다.

최고의 권세를 가진 왕이지만, 자신의 죄에 대하여 낮고 상하고 깨진 마음으로 엎드려 회개하는 다윗.. 그러한 모습 때문에 하나님은 다윗을 사용하셨을 것입니다. 다윗의 위대함은 골리앗을 이긴 용기에 못지 않게 죄를 인정하고 참회하는 낮고 상한 모습에서 드러나는 것인지도 모릅니다.

다윗은 밧세바와의 사랑을 후회했을 것입니다. 그 사건은 다윗의 나태하고 둔감해진 영혼을 깨우는 데에 결정적인 역할을 하였습니다. 다윗은 이제 더 이상 여인을 찾지 않았습니다. 그는 이제 더 이상 여인이 그의 가슴을 채워주지 못하는 것을 깨달은 것 같았습니다.

그는 이제 여인의 사랑에 대하여 허무함을 느낀 것 같았습니다. 밧세바와의 사랑은 여인의 애정에 대한 그의 마지막 몸부림과 같은 것이었습니다.

8. 자식들에 대한 사랑

다윗은 일생동안 자식들에게 관대했습니다. 자녀들이 잘못을 저질렀을 때에도 그들에게 진노하거나 심하게 책망한 경우는 거의 없었습니다. 그는 자녀들에게 항상 관용을 베풀었으며 많은 애정을 보여주었습니다.
그것은 아마 그가 애정에 굶주린 어린 시절을 보내서가 아닐까요? 그는 자신이 부모에게 정을 받지 못했던 경험을 자녀들에게는 주고 싶지 않았던 것 같습니다. 그는 자기가 받지 못했던 애정과 사랑을 자신의 자녀들에게는 담뿍 주고 싶은 마음이었던 것 같았습니다.

아마 그는 채워지지 않는 그의 가슴을 자녀들에 대한 애정으로, 그리고 자녀들에 대한 기대로 채우려고 했을지도 모릅니다. 오늘날 이 시대에도 많은 부모들이 자신의 삶에 대한 기대를 버린 채 자녀들에 대해서 기대를 하고 그것으로 자신의 삶을 보상받기 원하는 이들이 있으니까요.
그렇다면 다윗의 자녀들에 대한 사랑과 기대는 충족되었을까

요? 그는 자녀들로 인하여 행복했으며 마음의 기쁨을 얻었을까
요? 유감스럽게도 그는 애정을 주려고 노력은 했지만 자녀들로
인하여 기쁨과 보람은 별로 얻지 못한 것으로 보입니다.

그는 자녀들로 인하여 기쁨보다는 많은 고통과 아픔의 세월을
보냈습니다. 많은 시간동안 자녀들은 그에게 아픔을 주었습니
다.

자녀로 인한 그의 대표적인 사건은 밧세바와의 사건 이후에 있
었습니다. 그것은 밧세바가 낳은 첫 아들이었습니다.

비록 잘못된 애정이기는 하지만 다윗은 늙으막에 얻은 아들이
라 밧세바의 첫 아들에 대한 깊은 애착을 가지고 있었습니다.
하지만 그의 애정에도 불구하고 갓난 아들은 죽어가고 있었습
니다.

다윗은 이 아이의 죽어감이 자신의 범죄로 인한 것이라는 사실
을 알았습니다. 아무 죄도 없는 어린아이가 아비의 죄로 인하여
죽어가고 있다니, 그것은 그에게 얼마나 큰 아픔이 되었을까요!
집안의 모든 부하들이 말렸지만 다윗은 침식을 금하고 하나님
께 간구하며 엎드렸습니다. 아무도 상심한 다윗을 위로할 수 없
었고 그를 일으킬 수 없었습니다. 그의 마음은 아픔으로 인하여
찢어질 것 같았습니다.

그러나 삶의 위기 때마다 기도를 들어주시던 하나님의 인자가
이번에는 나타나지 않았습니다. 다윗은 기도하고 기도해도 오
직 벽에 부딪친 것 같은 기분이었습니다.

다윗의 애절한 기도와 금식과 회개에도 불구하고 아들은 죽었습니다. 흔히 말하기를 부모의 죽음은 땅에 묻고 자식의 죽음은 가슴에 묻는다고 합니다. 다윗에게 있어서 자신의 죄로 말미암아 아들을 잃게 된 이 사건은 두고 두고 그의 마음을 아프게 했을 것입니다.

자녀들로 인한 비극적인 사건은 이후에도 끊이지 않았습니다. 불륜, 범죄, 살인.. 그러한 일들이 계속하여 따라다녔습니다. 그것은 다윗이 밧세바와의 사건을 통하여 불륜과 살인의 범죄를 지었기 때문입니다.
하나님은 그가 특별하게 사랑하시고 기름부으신 사람 다윗의 죄를 만만하게 넘어가시지 않았습니다. 죄와 쾌락은 순간이지만 그 대가의 지불은 오래 걸리며 한 평생이 될 수도, 영원이 될 수도 있는 것입니다. 그것은 죄가 얼마나 무서운 것인지, 지긋지긋한 것인지를 가르치시는 하나님의 손길이기도 하였습니다.

얼마 후 두 번째 사건이 있었습니다. 그것은 배다른 누이동생을 사랑하게 된 암논의 강간 사건이었습니다.
그는 아픈 척하는 계교를 부려서 아름다운 여동생 다말을 강간하였습니다. 다윗은 보고를 받고 심히 진노했습니다.
하지만 다윗은 그 비극적인 보고를 받고도 아무런 조치도 취하지 않았습니다. 그는 그 모든 것이 자기의 잘못인 것을 깨달았습니다. 자신의 행위도 아들에 비해서 낫다고 볼 수 없었습니다.

시간이 흘러서 이제 어느 정도 충격이 사라졌다고 생각했을 때 다시 사건이 터졌습니다. 그것은 강간당한 동생의 복수로 암논을 죽인 압살롬의 살인 사건이었습니다. 압살롬은 암논을 죽인 후 다른 나라로 도망을 가버렸습니다.

다윗은 기가 막혔습니다. 이제는 형제들끼리 서로 죽이는 일까지 벌어지고 있었습니다.

하지만 역시 다윗은 어떻게 조치를 취해야 할지 난감했습니다. 압살롬의 행위를 보면 치정 살인 사건인데 자신도 그와 같은 범죄를 지은 전례가 있었습니다. 그러므로 자신도 떳떳할 것이 없었습니다. 다윗은 슬픔이 가득하여 중얼거렸습니다.

"모두가 다 내 죄 때문이다. 내 죄로 인하여 나의 가정에 재앙이 들어왔구나.. 나는 어쩌면 좋을꼬.."

살인 사건에 이어서 압살롬까지 잃어버린 것은 다윗에게 큰 충격이었습니다. 그는 압살롬의 아름다움을 생각했습니다. 이 아들은 너무나 아름다워 키우면서 수없이 쳐다보고 기뻐했던 아들이었습니다. 그는 외모만 아름다울 뿐 아니라 무용과 지혜와 총명까지 있었습니다.

다윗은 집을 떠난 이 지혜로운 아들이 너무나 보고 싶었습니다.

하지만 형을 죽인 범죄자를 용서할 수도 없었습니다.
그렇게 애타게 세월만 흐르다가 다윗은 신하들의 중재로 인하여 압살롬을 용서하고 다시 맞아들이게 되었습니다.
드디어 압살롬은 돌아왔습니다. 다윗은 다시 그의 얼굴을 보게 되었습니다.
하지만 다시 꿈에도 그리던 아들을 보게 되었지만 다윗의 마음은 그다지 기쁘지 않았습니다. 그는 오랜 세월 동안 속을 썩이는 자녀들로 인하여 지쳤습니다. 그는 이제 자녀들을 생각만 해도 마음이 놀라고 불안해지곤 하였습니다.

그리고 나서 다시 아들로 인한 분란이 있었습니다. 이번의 사건은 규모가 컸습니다. 그것은 다시 압살롬으로 인하여 생긴 일이었습니다. 그가 군대를 일으켜 쿠데타를 시도했던 것입니다. 이것은 개인적인 문제가 아니고 나라 전체의 분쟁이었습니다.
다윗이 그 사실을 알아차렸을 때에는 이미 모든 상황이 그에게 불리하게 돌아가고 있었습니다. 압살롬은 이미 오랫동안 치밀하게 반역을 준비하고 있었고 유력한 사람들은 벌써 그의 손에 다 넘어갔기 때문입니다.
다윗은 울면서 소수의 측근만을 데리고 목숨을 구하기 위하여 도피했습니다. 젊은 시절에 장인인 사울을 피하여 도피하던 그가 늘그막에는 아들을 피하여 목숨을 건지기 위해서 도망하게 되었습니다. 그는 이 모든 것이 자신의 죄로 인하여 온 것이라고 머리를 흔들고 슬퍼하며 왕궁을 떠났습니다.
그는 전의를 상실하고 있었습니다. 그는 아들과 싸우고 싶은 마음도 없었습니다. 차라리 아들의 칼에 죽는 것이 낫다는 마음이 들었습니다. 그의 마음은 이제 지치고 피곤하여 더 이상 용기를 낼 수 없었습니다. 젊어서 골리앗 앞에서 강하고 담대하던 다윗은 이제 늙고 노쇠해있었습니다. 그의 나이보다 그의 마음 속 깊은 곳에 있는 죄책의 짐은 그를 더욱 더 지치고 피곤하게 만들었습니다.

왕궁을 점령한 압살롬은 신하의 계교에 따라 다윗의 첩 10명과 동침을 하였습니다. 그것은 아버지인 다윗을 철저하게 모욕하기 위한 것이었습니다. 아마 세상에서 자식에게 이런 모욕을 당한 아버지는 흔치 않을 것입니다.
다윗은 눈물로 산에서 숨어있고 다윗의 남은 부하들과 압살롬 군대와의 마지막 전쟁이 있었습니다.
이 전쟁에서 다윗의 관심은 자신의 승리가 아니었습니다. 그는 자기를 배반하고 죽이려고 하는 압살롬의 생사가 더 걱정되었습니다. 그는 전장으로 나가는 부하 요압에게 말했습니다.
"요압.. 제발 부탁하니 내 아들 압살롬을 죽이지 말게.. 그를 너그럽게 대접해주게.."
다윗이 크게 말했기 때문에 그 소리는 요압 뿐 아니라 모든 백성이 다 듣게 되었습니다.

요압은 기가 막혔습니다. 그것은 왕이 전장에 나가는 장수에게 할 말이 아니었습니다. '아니, 지금 우리가 불리한 입장에서 생사가 위태로운 싸움에 나가고 있는데 적장을 잘 보아달라고? 그럼 우리는 죽으란 말인가?' 요압은 기가 막혀서 아무 대답도 할 수 없었습니다.

다행히 하나님의 은혜로 요압은 전쟁에서 승리했고 반역의 주동자인 압살롬을 죽였습니다. 하지만 승리의 소식을 가지고 돌아왔을 때 다윗이 물었던 것은 승패의 소식이 아니었습니다.
"요압.. 어떻게 되었나? 내 아들 압살롬은? 그는 살아있는가?"
그리고 결과를 알게 된 다윗은 마음이 심하게 아파서 큰 소리로 흐느끼며 울었습니다.
"내 아들 압살롬아! 내 아들 압살롬아! 차라리 내가 너를 대신하여 죽었더면 좋았을 것을.. 내 아들 압살롬아! 내 아들아!"
왕의 통곡하는 모습을 본 백성들은 승리의 기쁨을 잃어버렸습니다. 그리하여 부끄러운 듯 조용히 성으로 들어갔습니다.
이를 본 요압은 많이 화가 났습니다. 그는 다윗에게 따졌습니다.
"다윗 왕이여! 당신의 아들이 죽은 것이 그렇게 슬프십니까? 우리가 살아서 돌아온 것이 그렇게 싫으십니까? 그러면, 우리가 다 죽고 왕의 아들이 살았다면 좋으시겠습니까? 다윗 왕이여! 그렇게 하지 마십시오. 왕이 지금 얼른 나가서 백성들에게 가지 않으시면 이 백성의 마음이 다 왕을 떠나게 될 것입니다. 그리고 그것은 더 큰 재앙이 될 것입니다."

요압의 조리 있는 조언을 들은 다윗은 할 수 없이 눈물을 거두고 백성들에게로 나갔습니다. 그리하여 반역의 전쟁은 끝났고 왕은 무사히 왕궁으로 귀환하게 되었습니다.
왜 다윗은 자신의 목숨을 노리는 반역의 아들 압살롬을 그렇게 사랑했을까요? 왜 그는 차라리 자신이 죽기를 바랬을까요?
그것은 아마 죄책감 때문이었을 것입니다.
그는 이 모든 재앙이 자신이 죄 없이 죽인 우리아에 대한 벌칙이라고 느끼고 있었습니다. 그러므로 압살롬이 비록 악한 아들이기는 하지만 오히려 그에게는 자신의 죄로 인한 희생자의 역할을 하는 듯이 보였던 것입니다.
그 외에도 다윗에게 있어서 압살롬은 특히 아름답고 애착이 가는 아들이었습니다. 그토록 사랑했고 그리워했고 보고 싶어했던 아들이었습니다. 그 아들이 죄의 여부를 떠나서 차가운 죽음이 되어버렸다는 것.. 그것은 다윗에게 너무나 큰 슬픔이었습니다.
그는 속으로 되뇌이었습니다.
"내가 사랑했던 것들. 사람들.. 자식들.. 이제 다들 떠나가는 구나.. 내 죄 때문에.."
그는 눈물을 억제할 수 없었습니다.

그는 자녀들을 사랑했습니다. 그는 자녀에게 따뜻한 아버지가 되고 싶었습니다. 하지만 그가 살아온 나날동안 자식들은 그에게 고통과 슬픔을 주었을 뿐입니다.
다윗은 점점 더 지쳐갔습니다. 이제 그에게 남은 나날이 얼마 되지 않았습니다. 다윗의 마지막이 가까울 무렵 또 다시 그의 아들이 문제를 일으켰습니다.

문제를 일으킨 사람은 아도니야였습니다.
그는 다윗의 넷째 아들이었습니다. 그는 용모와 위용이 압살롬 못지 않게 아름답고 늠름한 사람이었습니다.
다윗은 그를 무척 사랑했습니다. 그의 평생에 한번도 '네가 어찌하여 그리 하였느냐' 하고 그에게 섭섭한 말을 한 적이 없었습니다. 그 정도로 사랑하였고 애지중지 하여 키웠습니다. 다시 말하면 너무 버릇이 없이 아이를 키운 것입니다.

그렇게 오냐 오냐 하여 키운 아들이 다시 문제를 일으켰습니다. 다윗이 밧세바에게서 낳은 아들 솔로몬을 왕위 계승자로 지정하였음에도 불구하고 그가 스스로 왕이 되겠다고 나선 것이었습니다. 다윗 왕이 지금 멀쩡하게 살아있는데 말입니다. 이제 자칫하면 솔로몬 왕자를 비롯해서 왕궁에 피 바람이 불어닥칠 상황이었습니다.
선지자 나단의 개입으로 인하여 이 사건은 무사히 마무리되었습니다. 다윗은 자신이 행동을 취하지 않으면 왕국이 흔들릴 것을 알았습니다. 다윗은 왕위에서 물러나고 아들 솔로몬을 왕으로 지명했습니다.

그리하여 아도니야의 반란은 무위로 그쳤습니다. 아도니야는 솔로몬에 의해서 얼마 후에 죽게 되었지만 다윗이 살아있는 동안에는 목숨을 부지했습니다. 결국 다윗의 네 번째 아들까지 세 명이 젊은 나이에 비극적인 죽음을 당하게 되었습니다.

다윗은 지쳤습니다. 그는 이제 살날이 얼마 남지 않았습니다. 그가 죽는 순간까지 자녀들은 그의 속을 썩였습니다. 서로 미워하고 싸우고 죽이고 하더니 왕위를 놓고 쟁탈전을 벌이기도 했습니다.

마지막 삶의 순간까지 자녀들은 다윗에게 고통의 존재들이었습니다. 자녀들은 다윗에게 기쁨이 되지 않았습니다. 오직 속을 썩이고 아프게 하는 존재들이었습니다.

다윗은 자녀들을 사랑했습니다. 자녀들을 통해서 사랑을 느끼고 보람을 느끼며 혹시 그들이 자신의 가슴을 채우지 않을까 생각했었습니다.

그러나 그 결과는 실망이었습니다. 자녀들도 다윗의 가슴을 채울 수 없었습니다. 왕위 계승에 대하여 나단에게 말하며 다윗은 마음이 아프고 슬펐습니다. 그의 피곤한 삶이 이제 끝나가고 있었습니다.

9. 부하들과의 우정과 사랑

전쟁터에서 함께 생사고락을 같이 한 동료들 간에는 우정과 애정이 싹트게 됩니다. 그것은 우정을 넘어선 깊은 사랑입니다. 다윗에게도 그러한 사랑이 있었습니다. 부하들과의 아름다운 애정과 우정이 있었습니다.
그것은 다윗이 사울을 피하여 쫓기던 때부터 시작되었습니다. 쫓기고 있던 다윗에게 비슷한 처지에 있던 사람들이 하나 둘씩 찾아왔던 것입니다.

그들 중에는 골리앗을 물리친 다윗의 소문을 듣고 찾아온 사람도 있었습니다. 하나님이 다윗을 선택하여 기름 부으셨기 때문에 언젠가는 다윗이 왕이 될 것을 믿고 찾아온 사람도 있었습니다. 개인적인 문제를 하소연하기 위해서 온 사람들도 있었습니다.
그런 사람들이 모여서 수 백 명을 이루게 되었습니다. 그들은 오합지졸에 불과했습니다. 그들은 군대로 보기에는 너무나 어설펐습니다. 그렇게 같이 머물다가 뜻이 맞지 않아 조용히 떠나간 사람들도 많이 있었습니다.
그러나 그들 중의 많은 사람들은 그곳 외에는 갈 데가 없는 사람들이었습니다. 그들은 다윗의 고난과 시련을 같이 겪으며 훈련을 받으며 성장해가기 시작했습니다.

그들은 초라하게 시작한 사람들이었습니다. 그러나 생사를 건 위험과 크고 작은 싸움을 거치면서 서서히 그들은 강한 용사가 되기 시작했습니다.
그들은 변두리의 군대였지만 나중에는 다윗의 왕국을 형성하는 주춧돌이 되었습니다. 그들은 제대로 된 무술의 훈련을 받지 않았지만 많은 실전의 경험을 통하여 백전 노장의 수준으로 올라가게 되었습니다.
오합지졸에서 강한 용사들로 변신한 만큼 그들에게는 뿌듯한 긍지도 있었습니다. 그들은 다윗이 왕이 되었을 때도 왕과 같이 생사고락을 같이 한 동지라는 자부심이 있었습니다.

다윗에게 그들의 우정과 추종은 큰 힘이었습니다. 다윗은 비록 세력은 미약했지만 목숨을 아끼지 않는 충성스러운 부하들이 있었습니다. 그것은 다윗의 힘이자 자랑이었습니다.
사무엘하 23장에는 다윗의 용사들이 얼마나 강하고 용맹한 자들이었는지 그 전과를 세세히 기록하고 있습니다.
가장 막강한 3인의 장수가 있었고 그 밑으로 30인의 용맹한 장수들이 있었습니다. 또한 최초의 3인에는 미치지 못하지만 30인보다는 강한 용사들이 있었습니다. 이들의 숫자를 다 합치면 37인이 된다고 성경은 말합니다.(삼하23:39)

이들은 모두 다 다윗의 막강한 친위대였습니다. 그 중에 우리아도 있었습니다. 이들은 다 처음에는 그저 그런 군인에 불과했습니다. 그러나 많은 실전 훈련을 거치면서 그들은 모두 다 강한 용사가 되었습니다.

기름부음은 기름부음을 낳고 강한 용사는 강한 용사를 기르는 것입니다. 그들은 모두 다윗의 기름부음과 다윗의 용맹으로 인하여 비슷한 힘과 능력을 얻게 되었을 것입니다. 누구와 같이 있느냐 하는 것은 곧 사람의 인생을 바꾸는 중요한 영향을 끼치는 것입니다.

최초의 3인 중에는 혼자서 800명을 죽인 용사도 있었습니다. 30인 중에는 다윗이 베들레헴 성문 곁의 우물물을 마시고 싶다고 한 마디 하자 목숨을 걸고 적진을 돌파하여 우물물을 길어온 3인의 용사도 있었습니다.

그것은 전략적인 가치가 있는 싸움도 아니며 가치 있는 물도 아니었습니다. 단지 다윗의 한 마디 말 때문에 다윗의 그 단순한 소망을 실현시켜주고 싶어서 세 용사는 목숨을 걸고 그 물을 길어온 것입니다.

다윗은 세 용사의 생명을 건 충성을 보고 후회하며 그 물을 마시지 않았습니다. 공연히 자신이 한 말 때문에 충성스러운 장수들이 목숨을 잃을 뻔했다고 후회하였습니다. 그 정도로 장수들의 충성심은 강했습니다. 다윗은 비록 그들이 길어온 물을 마시지는 않았으나 그들의 충성심을 보고 속으로는 뿌듯하게 여겼을 것입니다.

그 모든 용감한 부하들을 대표하는 한 사람이 바로 요압이었습니다. 그는 다윗 왕국의 군대장관이 되었습니다.
요압은 용감하며 지혜로운 사람이었습니다. 그는 다윗의 모든 역경에 같이 있어서 그를 돕던 사람이었습니다. 그는 부하이면서도 친구와 같았습니다. 다윗에게 함부로 목소리를 높일 수 있는 유일한 사람이기도 했습니다.

그는 다윗보다 더 나은 판단력과 지혜를 보인 적이 여러 번 있었습니다. 다윗이 하나님이 기뻐하시지 않는 인구 조사를 하려고 할 때 강하게 만류하던 사람이 바로 요압이었습니다. 이 때 다윗은 요압의 조언을 듣지 않고 있다가 재앙을 겪게 되었습니다. 또한 다윗이 집을 나간 압살롬으로 인하여 괴로움을 겪고 있자 그것을 중재하여 해결한 것도 요압이었습니다. 나중에 압살롬이 반역을 꾀하여 다윗을 죽이려 할 때도 압살롬을 제거해서 문제를 해결한 것도 요압이었습니다. 베냐민 사람 세바가 반역을 꾀할 때도 이를 진압한 사람이 요압이었습니다.

다윗은 일생동안 요압의 도움을 많이 받았습니다. 요압은 다윗에게 큰 의지가 되었을 것입니다.

그렇다면 다윗의 부하들, 특히 요압의 사랑과 충성심은 다윗을 만족시켰을까요? 과연 다윗의 가슴을 풍성하게 채워주었을까요? 대답은 아니오입니다. 어려움 속에서 다져진 요압과의 신실한 관계.. 우정과 충성심을 넘나드는 사랑.. 이것도 시간이 흐르면서 역시 삐걱거리기 시작했습니다.

요압은 사울 왕국의 대표적인 장수인 아브넬을 개인적인 원한으로 죽였습니다. 평화협정을 위하여 온 아브넬을 거짓으로 교묘하게 습격하여 죽였습니다.
그것은 다윗의 뜻이 아니었고 바른 일도 아니었습니다. 그러나 그는 동생의 원한을 갚기 위해 아브넬을 죽였습니다. 다윗은 이 보고를 받고 심히 분노하고 아파했으나 이미 강력한 힘을 가지고 있는 요압을 건드리기가 두려웠습니다. 그래서 다윗은 하나님께 이 문제를 호소하고 넘어갔습니다.

"왕이 그 신복에게 이르되 오늘 이스라엘의 방백이요 또는 대인이 죽은 것을 알지 못하느냐 내가 기름 부음을 받은 왕이 되었으나 오늘날 약하여서 스루야의 아들인 이 사람들을 제어하기가 너무 어려우니 여호와는 악행한 자에게 그 악한 대로 갚으실찌로다 하니라" (삼하3:38, 39)

다윗은 왕이 되었지만 이미 실권의 많은 부분을 요압이 가지고 있는 것을 알고 있었습니다.
스루야의 아들들, 즉 요압의 형제들은 이미 막강한 권력을 가지고 있었습니다. 만약 다윗이 요압을 칠 경우에 어떠한 결과가 일어날지 그것은 알 수 없는 일이었습니다. 다윗은 이제 자기 힘으로도 요압을 완전히 제어하는 것은 어렵다고 느끼고 있었습니다. 그렇기 때문에 요압의 처신이 마음에 들지 않더라도 다윗은 그냥 침묵을 지키게 되었습니다.

요압은 그 외에도 다윗이 정한 왕위 계승자 솔로몬을 지지하지 않았습니다. 그는 아도니야의 반역에 같이 가담하였습니다. 다윗의 의도에 정면으로 반기를 든 것입니다.
왜 그는 다윗의 마지막 결정에 동의하지 않았을까요? 왜 그는 일생동안 같이 있었던, 위기의 순간을 같이 했던 그의 주군을 배신한 것일까요? 그도 자신을 불편하게 느끼는 다윗의 마음을 알고 있었기 때문이었을까요?

정답은 오직 요압만이 알고 있을 것입니다. 아마 요압은 다윗의 마음을, 다윗과의 거리감을 잘 알고 있었을 것입니다. 요압은 아주 지혜로운 사람이었으며 사람의 마음을 꿰뚫어보는 사람이었습니다.
그는 이미 여러 번 다윗의 속마음을 꿰뚫어보곤 했습니다. 그러한 그가 다윗이 자기를 어떻게 생각하는지 모를 리가 없는 것입니다.

요압은 왜 마지막에 다윗을 선택하지 않았을까요. 그에게 있어서 다윗은 형제와 같은 사람이었습니다. 그는 다윗의 모든 일거수일투족을 다 알고 있었습니다. 그러다 보니 다윗의 모든 비리까지도 잘 알고 있었습니다. 그는 다윗이 우리아의 아내 밧세바를 취하기 위하여 우리아를 죽이도록 그에게 부탁을 한 것도 잘 알고 있었습니다. 아마 이러한 일은 그에게 다윗에 대하여 실망을 느끼게 했는지도 모릅니다.

어쨌든 결과적으로 다윗과 요압과의 관계는 깨어지게 되었습니다. 다윗은 죽을 때까지 요압에 대하여 불편하게 여겼습니다. 생명의 은인과도 같았던, 목숨을 아끼지 않고 충성하던 장수와 주군의 관계가 껄끄럽고 불편하여 서로 마음 속에 벽을 가지는 관계가 되었던 것입니다.

다윗이 마지막 유언으로 솔로몬에게 말할 때 그는 요압을 그대로 내버려두지 말고 복수하라는 명령을 솔로몬에게 합니다. 그만큼 요압의 존재는 다윗에게 부담이 되었던 것입니다.

요압을 제거하라는 다윗의 명령에 대하여 그것을 개인적인 감정으로만 생각할 수는 없습니다.

다윗은 솔로몬 왕국의 안전을 위해서는 요압이 방해가 될 것이라고 생각했을 것입니다. 그러나 아무튼 중요한 것은 다윗이 마지막 죽는 순간까지, 유언을 남길 정도로 그 두 사람의 관계는 악화되었다는 사실입니다.

부하들의 충성과 사랑.. 그것은 다윗에게 중요한 삶의 위로이며 기쁨이었습니다. 그러나 그 대표적인 존재 요압과의 관계에서 그것은 산산이 깨어졌습니다.
부하들도, 요압도 다윗의 가슴을 채워주지 못했습니다. 사람들 중에 아무도 다윗의 가슴을 충분하게 채워주는 사람은 없었습니다. 다윗은 쓸쓸히 사람들에 대한 기대를 접어야 하였습니다.

10. 아리따운 동녀 아비삭

다윗은 이제 나이가 많이 들었습니다. 더 이상 전쟁에 나갈 수 없었고 몸도 쇠약해졌습니다.
다윗은 이스라엘의 상징이었습니다. 신복들은 다윗이 좀 더 건강한 모습으로 오래 살아주기를 바랐습니다. 다윗의 존재 자체가 이스라엘에 힘이 되었기 때문입니다.
그들은 꾀를 짜냈습니다. 젊고 아름다운 처녀를 구하여 왕의 품에 눕게 하고 왕에게 생기를 줄 수 있도록 하자고 결정을 했습니다.
그리하여 그들은 이스라엘 사방을 둘러보며 아리따운 젊은 여성을 구했습니다. 지금으로 말하자면 미스 이스라엘을 뽑은 것입니다. 그렇게 뽑힌 여성이 수넴 동녀 아비삭이었습니다. 그녀는 심히 아름다운 여인이었습니다. 그녀를 보고 신복들은 기뻐했습니다. 그들은 이제 왕이 힘을 얻을 것이라고 생각하며 여인을 다윗에게로 데려왔습니다.
사람들은 다윗을 생각하면 순수하고 맑은 믿음의 사람이라는 이미지를 느끼게 됩니다. 많은 여인들을 사랑한 남자라기보다는 한 여인에 대한 지고한 사랑을 한 남자로서의 이미지가 어울립니다.
하지만 실제로 다윗은 많은 부인과 첩을 두었습니다. 부인이 일곱 명이었고 첩은 10명이었습니다. 그의 아들 솔로몬 왕처럼 많은 여인을 사랑한 것은 아니었지만 그래도 적지 않은 숫자의 부인이었습니다.

그것을 이 시대의 기준으로 판단할 수는 없을 것입니다. 당시는 여성을 사랑하는 측면보다도 아들을 얻기 위하여 여인을 얻고 결혼을 하는 면이 많이 있었습니다. 아들을 많이 출산한 여인은 복을 받은 여인이었고 아들을 낳지 못하는 여인은 불행한 여인으로 여겨지는 시대였습니다.
하지만 그럼에도 불구하고 다윗은 여성들을 사랑하는 성향이 많았던 것 같습니다.
피난처에서도 다윗은 여성을 얻고 결혼 생활을 통하여 안정을 찾고자 했습니다. 자녀를 낳고 여유 있는 삶을 꾸릴 상황이 아니었는데도 말입니다.
그러한 다윗의 성향을 알고 있었던 신복들은 젊고 아름다운 여인이 다윗의 기운을 회복시킬 수 있을 것이라는 기대를 하게 되었던 것 같습니다.
하지만 그들의 기대는 이루어지지 않았습니다. 다윗은 더 이상 여인을 가까이 하지 않았습니다.

다윗은 여인들을 사랑하였습니다. 쫓기면서도 그는 여인들을 사랑하였습니다.

그는 정서적이고 낭만적인 성품의 사람이었습니다. 그는 전투에서는 강한 사람이었지만 일상의 삶에서는 다정다감한 사람이었습니다. 그는 무뚝뚝한 사람이 아니었습니다. 그는 따뜻한 남편, 따뜻한 아빠가 되기를 원하는 사람이었습니다.

그는 시를 쓰는 사람이었습니다. 그리고 음악을 사랑하는 사람이었습니다. 그는 예술적인 성향을 많이 가지고 있었습니다. 그가 지은 시편 23편은 사람이 지은 시 중에서 가장 아름답고 뛰어난 것으로 여겨지고 있습니다.

그는 차갑고 냉철하며 논리적인 사람이 아니었습니다. 그는 머리형의 사람이 아니었습니다. 그는 시의 사람이었고 감성의 사람이었습니다.

그는 사랑의 성향을 많이 가지고 있었습니다. 그의 일생의 오점이 되었던 범죄도 여인과의 애정에 관련된 것이었습니다.

그것은 단순한 실수였을까요. 다윗의 일시적인 충격적인 실수였을까요.. 아마 아닐 것입니다. 그것은 다윗의 한 특성이며 성향이었습니다. 애정을 추구하는 경향성은 다윗의 한 중요한 약점이었습니다.

그가 흠이 없는 순결한 사람이라고 말할 수는 없습니다. 오히려 그는 우물가에서 주님을 만났던 사마리아 여인과 흡사한 사람이었습니다. 사랑을 찾아 방황하고 자기의 가슴을 채워줄 사람을 찾고 찾으며 낭만과 그리움과 사랑과 갈망을 아는.. 그는 그러한 사람이었습니다.

주님이 그를 선택하시고 그에게 임하신 것은 그가 순결하고 흠이 없기 때문이라고 말할 수는 없는 것이었습니다. 그는 흠이 많은 사람이었습니다. 그는 강한 면도 있지만 또한 동시에 마음이 여리고 약한 사람이었습니다.

주님은 온전한 그릇을 사용하시지 않고 가슴이 여리고 눈물이 많으며 낮은 마음과 상한 마음, 갈망하는 마음을 가지고 있는 그에게 임하셨습니다.

그는 사랑하는 친구의 죽음 앞에서 울고 원수의 죽음 앞에서도 눈물을 흘리는 다정 다감한 사람이었습니다. 그의 일생 동안 정서적인 갈구, 애정에 대한 갈망은 항상 사라지지 않고 따라다녔습니다.

그러나 다윗은 이제 나이가 들고 지쳤습니다. 다윗은 이제 그 모든 것이 부질없는 것임을 깨달아가고 있었습니다. 친구도, 여인도, 가족들도, 생사고락을 같이 한 신복들도.. 이제 그를 회복시키고 새롭게 할 수 없는 것을 다윗은 알고 있었습니다.

아리따운 동녀 아비삭은 다윗의 시중을 들며 봉양을 했습니다. 그러나 더 이상 다윗은 여인을 안지 않았습니다. 아버지가 딸을 보듯이 부드럽고 자애로운 미소로 여인의 봉사를 지켜보았을 뿐입니다.

다윗은 이제 평생을 찾아 헤맸던 그 정답을 알고 있었습니다. 사람은, 아름다운 여인도, 사람의 가슴을 채울 수 없다는 것을 말입니다. 더 이상 붙잡을 대상이 아니라는 것을 말입니다. 깨달음과 함께 다윗의 삶도 막바지에 이르고 있었습니다.

11. 다윗의 마지막 유언

모든 인간들은 살아가면서 자신의 가슴을 채워줄 사람을, 대상을 찾습니다. 그것이 인간입니다.
사람의 중심은 가슴입니다. 모두가 다 사랑 받기를 원하며 가슴이 뿌듯해지고 보람으로 만족감으로 채워지기를 원합니다. 돈을 많이 얻기 원하는 사람들도, 명예와 권세를 구하는 이들도 결국 바라는 것은 그들의 가슴이 채워지는 것입니다. 다만 그들은 대상을 잘못 선택했을 뿐입니다. 그들은 돈과 명예와 육체의 안락이 가슴을 채워주는 것으로 오해하고 있는 것입니다.

가슴은 오직 사랑으로 채워집니다. 누군가에게 사랑을 받고 사랑을 하면서 그 가슴은 채워집니다. 그래서 많은 사람들은 사랑하기를 원합니다. 하지만 사랑하려고 애쓸수록 가슴은 점점 더 공허해집니다.
결국 사람들이 평생을 거쳐 배우는 것은 바로 이것입니다. 주님 외에는, 이 우주를 지으시고 운행하시며 우리를 위하여 죽으시고 우리를 사랑하시는 그 주님 외에는 우리의 가슴을 채워주는 존재가 없다는 것입니다. 인생이란 곧 오직 주님 외에는 아무 것도 없다는 것을 경험하며 깨달아 가는 과정인 것입니다.
'오.. 주님.. 온 세상에.. 오직 당신뿐입니다..' 바로 이 고백이 점점 더 절실해지게 되는 과정, 그것이 바로 인생이며 인생의 경험입니다.
젊었을 때도, 청년의 시절에도 그러한 고백을 할 수 있습니다. 그렇게 많이 합니다.
그러나 인생의 풍파를 좀 더 많이 겪고 좀 더 사람을 경험하고 세월이 흐를 때 그 고백은 좀 더 진실하고 간절해지며 눈물로, 마음의 중심으로 고백을 드릴 수 있게 됩니다. 주님의 사랑과 궁휼과 그 거룩한 영광의 은총을 우리가 깨닫고 누리는 데에는 많은 시간과 인생의 풍랑이 필요합니다.

다윗은 드디어 찾았습니다. 오직 그의 가슴을 채워줄 대상은 바로 주님이신 것을.. 아니.. 그것은 다윗이 오랜 인생의 경험을 거쳐서 알게 된 것이 아니었습니다. 그것은 다윗이 어릴 때부터 알고 찾고 구하던 것이었습니다.
다윗이 구하기도 전에 주님은 그와 함께 계셨습니다. 세상에서 버림을 받은 다윗은 또한 주님의 은총으로 선택을 받았습니다. 그는 세상에서 가난하고 약한 자였으나 주님은 항상 그의 곁에 계셔서 그를 보호하시고 은혜를 베풀어주셨습니다.
침상에 누운 노인 다윗은 빙그레 미소를 지으며 그의 지난 날들, 어린 시절들을 회상했습니다. 그의 삶 속에 수많은 풍파가 있었고 사건들이 있었고 행복한 일들도 있었지만 가장 그리워지고 기억나는 행복한 순간들은 그가 어린 소년일 때 풀밭에 누워 양들을 치면서 시편 23편을 지으며 노래하고 기도하던 순간이었습니다. 다윗의 눈가에 행복한 미소, 그리고 그리움이 가득한 눈물이 조용히 흐르고 있었습니다. 그는 고백했습니다.

나의 주님..
나의 하나님..
당신은 저의 목자이십니다.
그러므로 저에게는 아무런 부족함이 없습니다.
주님은 항상 저를 인도해주셨습니다.
그리고.. 사망의 골짜기에서도 저를 지켜주셨습니다.
그리고.. 언제나 저를 떠나지 않으셨습니다..
많은 사람들이 내 곁에 오고 가고 떠나갔지만..
주님은 나의 평생 동안.. 지금도 제 곁에 계십니다..

다윗의 눈가에 눈물이 흐르고 있었습니다. 그것은 감사와 사랑과 그리움이 가득한 눈물이었습니다.
다윗은 이제 죽을 때가 되었습니다. 그는 아들 솔로몬을 불렀습니다. 그는 유언을 하고 자기의 마지막 자리를 정리하여야 했습니다.

그는 솔로몬에게 유언을 남겼습니다. 오직 하나님을 사랑하고 순종하며 그 말씀을 지킬 것을 권했습니다. 그리고 하나님이 허락하신 왕국을 잘 보존하기 위해 죄를 처리하고 죄와 관련된 사람들을 처리해야 할 것을 전했습니다. 그것이 다윗의 마지막 유언이었습니다.

그는 일생 동안 많은 사람들을 사랑했습니다. 그리고 사랑을 구했습니다. 그러나 이제 마지막에 있어서 그의 마음속에 가득한 것은 오직 주님뿐이었습니다. 그에게는 이제 오직 주님의 나라, 주님이 원하시는 뜻, 주님께 속한 사람이 되는 것만이 중요했습니다.

인생이란 주님이 모든 것 중의 모든 것, 사랑 중의 사랑이라는 사실을 깨달아 가는 과정입니다. 아직 사람에게서 기대한다면, 사람에게서 관심 얻기를 기대하며 받기를 기대한다면 그는 아직 마땅히 알아야 할 것을 깨닫지 못한 것입니다.

그러한 이들은 많은 실망과 훈련과 고난들을 거치게 될 것입니다. 오직 주님만이 우리를 채워주십니다. 그것을 깨닫고 경험한 이들은 성공한 사람들이며 행복한 사람들입니다.

다윗의 모든 과거, 과거의 모든 고난 속에서 계셨던 주님.. 그분이 모든 것임을 다윗은 알았습니다. 다윗은 진정한 기쁨과 영광은 이미 그 안에 있었던 것임을 깨달았습니다.

그는 인생의 마지막에 그것을 다시 확인했습니다. 사람에게는 아무 소망이 없음을.. 오직 주님밖에 없음을.. 그것을 발견하는 과정이 곧 인생임을..

왕국을 바르게 이끌며 하나님을 추구해야 함을 마지막으로 전하는 다윗의 얼굴에 미소가 떠올랐습니다. 그것은 오직 주님이 주시는 미소와 만족감이었습니다.

그리고 그는 곧 떠나갔습니다. 주님의 나라로.. 그가 평생 찾던 영원의 사랑과 기쁨의 나라를 향해서 그는 부드러운 미소와 함께 떠나고 있었습니다.

12. 묵상

사랑하는 나의 자녀들아.
사람의 사랑을 기대하지 말라.
사람의 애정이
너희 가슴을 채울 것이라고 생각하지 말라.
너희 가슴을 사람에게 주지 말라.

사람은 신이 아니니라.
너희가 많은 기대와 희망을 가지고 있을 지라도
너희는 채움을 받을 수 없을 것이다.
사람의 우상을 버리지 않는 자들은
많은 고통과 상처와 낙담을 얻게 되리라.
가슴을 맡긴 만큼
고통과 절망을 갖게 되리라.

아름다운 언어의 유희와
멋진 분위기와

멋진 외모에 넘어가지 말라.
사람은 너희 마음을 채울 수 없느니라.

오직 나를 구하라.
나의 가슴을 구하라.
나에게 너희의 가슴을 주어라.
너희 가슴을 주고 나의 심장을 구하는 자는
나의 마음을 얻게 될 것이다.
그리고 그것을 얻을 때
그것이 곧 천국이며
영원히 사라지지 않는
영광의 기쁨인 것을 알게 될 것이다.

사랑하는 자녀들아.
나를 구하라.
나만이 너희를 채워줄 수 있느니라.
다른 어떤 것도 너희를 채우지 못하며
공허함과 허무함을 주게 될 뿐이니라.
너희가 잠시 만족하였어도
곧 머지 않아 그것에 실망하게 될 것이다.

나의 심장을 얻으라.

하늘에서 오는 나의 영을 구하라.
그 영으로 채워질 때
그 배에서 가슴에서 생수가 흐를 때
너희는 더 이상 세상의 사랑,
사람의 사랑을 구하지 않게 될 것이다.

너희는 배부르게 되어
사람에게 기대하지 않고 오직 주며
기대하지 않고 사람을 사랑하고
기대하지 않고 사람을 섬길 수 있게 될 것이다.

나를 구하라.
내가 채우리라.
구하는 자는 나의 영을 얻을 것이며
그 기쁨은 받은 자만이 알 수 있을 것이며
그것은 곧 천국의 기쁨임을 알게 될 것이다.

도서구입신청

도서 구입을 원하시는 분들을 위한 안내입니다.

1. 도서 목록 확인

페이지를 넘기시면 정원 목사님의 도서 전권이 안내되어있습니다.
도서 목록을 참조하셔서 필요로 하시는 책을 선택하십시오.
각 도서의 자세한 목차와 내용을 원하시면 정원목사 독자 모임 카페의 [저자 및 저서소개] 코너를 참조하십시오. (http://cafe.daum.net/garden500)

2. 책신청

구입하실 도서를 결정하신 후에, 영성의 숲 출판사로 전화를 주세요.
(02-355-7526 / 010-9176-7526. 통화시간: 월~금 오전 9시~저녁 7시)
신청 도서 목록을 알려주시면 입금하실 금액을 안내해 드립니다.
신청하실 때는 책을 받으실 주소와 전화번호를 함께 알려주세요.
책신청은 전화 외에도 영성의 숲 홈페이지의 [책신청] 코너,
출판사 이메일(spiritforest@hanmail.net)을 사용하실 수 있습니다.

3. 송금

안내 받으신 도서 대금을 아래 계좌로 입금해 주세요.
(국민은행: 461901-01-019724, 우체국: 013649-02-049367, 예금주: 이혜경)
신청자 성함과 입금자 성함이 일치하지 않는 경우에는 입금자 성함을
꼭 알려주셔야 확인이 가능합니다.

4. 배송

입금 확인 후에 바로 발송 작업을 하는데, 발송후 도착까지 보통 2-3일 정도가 소요 됩니다. 책을 급하게 필요로 하실 경우에는 일반 서점을 이용해 주세요. 해외 배송을 원하시는 분은 총판을 담당하고 있는 생명의 말씀사로 문의해주시기 바랍니다. (생명의 말씀사 080-022-1211 www.lifebook.co.kr)

<기도 시리즈>

1. 하늘의 권능이 임하는 부르짖는 기도 1
영성의 숲. 373쪽. 13,000원 / 핸디북 10,000원
부르짖는 기도는 모든 기도의 형태 중에서 가장 기본적이고 중요한 기도입니다. 이 기도를 바르게 배우고 적용한다면 하늘의 권능이 임하는 것을 경험하게 되며 모든 면에서 강건한 그리스도인이 될수 있을 것입니다.

2. 하늘의 권능이 임하는 부르짖는 기도 2
영성의 숲. 444쪽. 14,000원 / 핸디북 11,000원
부르짖는 기도 1권은 발성의 의미, 능력과 부르짖는 기도의 전체적인 원리를 다루 었으며 2권은 부르짖는 기도의 실제로서 구체적인 기도의 방법과 적용원리를 다루고 있습니다. 3부에 수록된 다양한 승리의 간증은 독자님들에게 좋은 도전이 될 것입니다.

3. 대적기도의 원리와 능력
영성의 숲. 400쪽. 14,000원 / 핸디북 11,000원
대적기도 시리즈 1편. 대적기도는 주님께 간구하는 기도가 아니며 우리에게 주어진 권세와 능력을 발견하고 사용하여 능력과 승리를 경험하는 기도입니다. 이 기도를 알게 될 때 당신의 삶은 진정 달라지게 될 것입니다.
휴대를 위한 작은 사이즈의 핸디북도 있습니다.

4. 대적기도의 적용 원리
영성의 숲. 424쪽. 14,000원 / 핸디북11,000원
대적기도 시리즈 2편. 대적기도에도 원리와 법칙이 있습니다. 그 원리와 법칙을 잘 익혀서 실제의 삶에 적용한다면 우리는 풍성한 삶을 살 수 있습니다. 이 책에서는 그 원리들을 구체적으로 제시해 주고 있습니다.
휴대를 위한 작은 사이즈의 핸디북도 있습니다.

5. 대적기도를 통한 승리의 삶
영성의 숲. 452쪽. 15,000원 / 핸디북 12,000원
대적기도 시리즈 3편. 대적기도를 인간관계, 가정에서의 삶, 복음 전도와 사역에 구체적으로 적용하는 방법을 제시하였습니다. 여기서 제시된 원리를 잘 읽고 적용한다면 삶과 사역에 있어서 많은 변화와 승리를 경험할 수 있게 될 것입니다.
휴대를 위한 작은 사이즈의 핸디북도 있습니다.

6. 대적기도의 근본적인 승리 비결
영성의 숲. 454쪽. 14,000원 / 핸디북 12,000원
대적기도 시리즈 4편. 완결편. 1부에서는 악한 영들을 근본적으로 완전하게 제압하고 승리할 수 있는 원리와 비결을 제시하고 있습니다. 2부에서는 대적기도를 적용하고 경험한 성도들의 사례가 실려 있는데 이것은 각 사람의 적용과 승리에 좋은 참고가 될 수 있을 것입니다. 휴대를 위한 작은 사이즈의 핸디북도 있습니다.

7. 아름답고 행복한 기도의 세계
영성의 숲. 279쪽. 9,000원
〈기도업데이트〉의 개정판. 자연스럽고 편안하게 기도의 아름다움과 행복에 잠길 수 있도록 돕는 책입니다. 기다리는 기도, 듣는 기도, 안식하는 기도 등 다양하고 풍성한 기도의 원리들을 일상의 예화들을 통하여 쉽게 정리하였습니다.

8. 주님의 마음에 이르는 기도
영성의 숲. 309쪽. 10,000원
기도의 원리와 방법에 대한 200개의 조언을 담았습니다. 주님의 마음을 향하여 가는 것. 그것이 기도의 방향이며 목적임을 보여주는 책입니다.

9. 주님의 임재를 경험하는 길
영성의 숲. 308쪽. 10,000원
〈주님을 경험하는 100가지 방법〉의 개정판. 주님의 살아계심과 임재를 경험하기 위한 100가지의 실제적인 방법을 제시하고 있습니다. 사모하는 마음으로 이 방법들을 시도한다면 누구나 쉽게 그분의 역사를 경험하게 될 것입니다.

10. 예수 호흡기도
영성의 숲. 460쪽. 15,000원 / 핸디북 11,000원
호흡을 통한 기도가 주님의 임재와 영적 실제에 들어가는 중요한 비밀이며 열쇠임을 보여주는 책입니다. 이 책에 제시된 원리와 방법을 충실히 시도해 본다면 누구나 놀라운 변화를 경험하게 될 것입니다.

11. 방언기도의 은혜와 능력 1
영성의 숲 459쪽. 16,000원 / 핸디북12,000원
방언기도 시리즈 1편. 방언에 대한 성경적이고 균형잡힌 설명 뿐 아니라, 저자의 개인적인 경험과 간증, 방언을 받는 과정과 통역을 시도하는 과정에 대한 구체적인 설명, 여러 경험자들의 실례가 풍성하게 실려있어, 방언의 은혜에 대해 이해하고 적용하는 데에 실제적인 도움을 주는 책입니다.

12. 방언기도의 은혜와 능력 2
영성의 숲 403쪽. 13,000원 / 핸디북 11,000원
방언기도 2편에서는 방언과 통역이 발전해 나가는 과정과 그 영적인 의미를 깊이있게 다루었습니다. 방언의 가치와 의미를 바르게 이해하고 적용하게 될 때, 오래동안 방언을 사용하면서도 주님의 은총를 누리지 못하던 이들이 주님의 가까우심과 아름다우심을 풍성히 경험하게 될 것입니다.

13. 방언기도의 은혜와 능력 3
영성의 숲 489쪽. 15,000원 / 핸디북12,000원
방언 기도 시리즈의 결론적인 부분을 다룬 책입니다. 방언에 대한 부정적인 견해와 원인들, 방언을 통해 어떻게 부흥이 시작되는지, 은사의 바른 방향과 의미, 목적 등을 정리하였고, 전체적인 요약정리와 함께 경험자들의 구체적인 사례들을 첨부하여 실제적인 적용에 도움이 되도록 하였습니다.

<영성 시리즈>

1. 영성의 실제를 경험하는 길
영성의 숲. 357쪽. 12,000원
〈그리스도인의 아름다운 영성〉의 개정판.
많은 은혜의 도구들이 있지만 그것들이 다 주님을 접촉하는 것은 아닙니다. 참다운 영성과 주님을 경험하는 원리를 제시하는 책입니다.

2. 생각의 자유를 경험하는 길
영성의 숲. 228쪽. 8,000원
〈그리스도인의 생각 다스리기〉의 개정판. 우리가 겪는 삶의 대부분의 고통들은 스스로 만들어낸 생각의 감옥에 지나지 않으며 생각을 분별하고 관리함으로써 풍성하고 행복한 삶을 살 수 있다는 메시지를 다양한 예화와 함께 설득력 있게 제시하고 있습니다. 많은 교회에서 훈련 교재로 사용되기도 했습니다.

3. 영성의 중심은 사랑입니다
영성의 숲. 243쪽. 8,000원
하나님의 은혜를 받아들이고 누림으로써 진정한 사랑과 따뜻함의 세계를 경험할 수 있도록 돕는 책. 신앙의 따뜻함과 아름다움을 회복하고, 영혼들을 이해하고 도울 수 있는 관점을 제시하고 있습니다.

4. 영성의 원리
영성의 숲. 319쪽. 11,000원
영성에도 원리가 있습니다. 이 책은 영성의 발전을 위한 다양한 원리들, 영의 흐름, 영의 인식, 영적 승리를 위한 중보 등의 원리를 실제적인 예와 함께 잘 설명해 줍니다. 영적 부흥과 충만함을 사모하는 이들에게 좋은 참고서가 될 수 있을 것입니다.

5. 문제는 주님의 음성입니다
영성의 숲. 227쪽. 9,000원
우리의 삶에 다가오는 여러가지 어려움들, 문제들은 우연이 아닙니다. 거기에는 주님의 배려와 가르치심이 있으며 반드시 우리가 배워야 할 것이 있습니다. 이 책은 그 문제들에서 주님의 뜻과 음성을 발견하는 원리를 가르쳐 주고 있습니다.

6. 영성의 발전은 어떻게 이루어지는가
영성의 숲. 254쪽. 8,000원
〈영성의 상담〉의 증보 개정판. 영성에 대한 여러 질문과 답변을 통해 다양한 영적현상의 의미와 삶 속에서 영적 성장을 이루는 구체적인 방법들을 소개하고 있습니다.

7. 지금 이 공간에 임하시는 주님
영성의 숲. 340쪽. 12,000원
주님은 믿을수 없을만큼 가까이 계시지만 사람들은 흔히 그분을 무시함으로 그의 임재를 소멸시킵니다. 이책은 그분의 가까우심과 구체적인 공간을 통한 임재, 나타나심을 경험할수 있도록 실제적인 지침을 제시하고 있습니다.

8. 심령이 약한 자의 승리하는 삶
영성의 숲. 228쪽. 9,000원
영혼의 힘이 약하고 마음이 여리고 민감하여 고통을 겪고 있는 이들을 위한 책. 영혼의 원리 및 기질과 사명을 이해함으로써 이전에 알지 못했던 자유와 해방과 놀라운 행복감을 누리게 될 것입니다.

9. 천국의 중심원리
영성의 숲. 452쪽. 14,000원
천국은 사후에만 갈 수 있는 장소가 아닙니다. 이 땅에 살면서 천국의 임재, 그 천국의 빛과 영광을 경험할 수 있습니다. 이 책에서는 내면세계의 천국을 경험하기 위한 길과 원리를 제시해 주고 있습니다.

10. 행복한 신앙을 위한 28가지 조언
영성의 숲. 348쪽. 12,000원
〈자유롭고 행복한 그리스도인 1〉의 개정판. 묶여 있고 창백한 의식의 틀을 벗어나, 자유롭고 풍성한 믿음의 삶으로 나아가도록 돕는 책입니다. 28가지 조언속에 행복한 신앙을 위한 영적 원리들을 담고 있습니다.

11. 성숙한 신앙을 위한 30가지 조언
영성의 숲. 340쪽. 12,000원
〈자유롭고 행복한 그리스도인2〉의 개정판. 의식이 바뀔 때 천국의 자유와 기쁨을 누릴 수 있음을 보여주는 책입니다. 묶여있는 사고와 습관, 잘못된 의식에서 해방되는 원리를 제시해 주고 있습니다.

12. 의식의 깨어남을 사모하라
영성의 숲. 239쪽. 9,000원
잠과 꿈과 깨어남의 실체를 보여주며 진정한 깨어있음의 세계로 인도하는 책입니다.
의식과 영혼을 깨우기 위한 방법과 원리들을 제시해 주고 있습니다.

13. 주님의 마음, 주님의 임재 속으로
영성의 숲. 348쪽. 11,000원
오늘날 주님의 마음에 대한 많은 오해가 있어서 주님의 깊으신 임재에 들어가지 못합니다. 이 책은 그 오해를 풀어주며 우리를 향한 주님의 사랑을 보여주고 그 사랑의 임재 속에 들어가는 길을 안내해주고 있습니다.

14. 영성의 발전을 갈망하라
영성의 숲. 292쪽. 10,000원
영성의 진리 시리즈 1편. 영성을 깨우고 발전시킬 수 있는 다양한 이야기, 원리, 법칙들을 묶은 36가지의 메시지가 수록되어 있습니다. 영혼의 각성에 도움이 되는 지식과 도전을 얻게 될 것입니다.

15. 집회에서 흐르는 주님의 은혜
영성의 숲. 254쪽. 8,000원
이미 출간되었던 [집회 가운데 임하시는 주님]을 새롭게 개정하였습니다. 회원들의 간증을 줄이고 더 많은 분량을 추가하였습니다. 집회 가운데 나타나는 주님의 생생한 역사와 이에 관련된 여러 영적 원리를 기술하였습니다. 읽을수록 집회 현장에 있는 듯한 감동과 은혜를 얻을 수 있을 것입니다. 은혜를 사모하는 이들, 영성 사역에 관심이 있는 사역자들에게 좋은 참고가 될 것입니다.

16. 삶을 변화시키는 생명의 원리
영성의 숲. 348쪽. 값 12,000원
삶 속에서 열매를 맺을 수 있는 비결과 원리를 시편 1편의 말씀과 요한복음 15장의 말씀을 중심으로 제시하고 있습니다. 포도나무이신 주님과 가지로서 항상 연결되는 삶이 열매를 맺는 원리이며 은총의 비결인 것을 명쾌한 논지로 설명하고 있습니다. 신앙의 기초와 방향을 분명히 밝히는 책으로서 풍성한 삶과 승리하는 삶을 갈망하는 그리스도인들에게 귀한 도전이 될 것입니다.

17. 낮아짐의 은혜1
영성의 숲. 308쪽. 값 11,000원
쉽게 하나님의 임재를 경험하며 그 은혜 가운데 머무르는 사람이 있습니다. 그 은총의 비밀은 무엇일까요? 그것은 바로 낮아짐이며 이를 통하여 주의 무한한 은혜와 천국의 풍성함을 누릴 수 있음을 본서는 증명합니다. 사람을 파괴하는 높아짐의 시작과 타락, 은혜의 회복, 열매의 풍성함 등을 다루고 있으며 누구나 그 은혜의 세계에 쉽게 이르도록 길을 제시하고 있습니다.

18. 낮아짐의 은혜 2
영성의 숲. 388쪽. 값 14,000원
낮아짐은 감추어진 비밀이며 천국의 문을 여는 보화입니다. 마귀는 낮아짐을 빼앗을 때 그 영혼을 사로잡을 수 있으므로 온갖 유혹으로 이 보화를 가로챕니다. 하나님은 천국의 풍성함을 주시기 위하여 낮아짐을 훈련하시며 인도하십니다. 2권은 적용을 주로 다루며 구체적으로 풍성한 은총을 누릴 수 있도록 권면하고 있습니다.

19. 그리스도를 갈망하는 삶
영성의 숲. 268쪽. 값 10,000원
부흥과 영적 깨어남, 영성의 다양한 원리에 대한 이야기. 삶 속의 이야기와 함께 자연스럽게 풀어서 정리하였습니다. 일상의 사소한 삶에서 영적 원리를 발견하고 적용하도록 도우며 그리스도에 대한 갈망이 증가되도록 도전하고 있습니다.

20. 영이 깨어날수록 천국을 누린다
영성의 숲. 236쪽. 값 8,000원
독자들과 일대일로 마주 앉아서 대화를 하듯이 영적 성장과 풍성한 삶을 누리는 원리에 대해서 메시지를 전달하고 있습니다. 사랑하는 삶, 영성의 깨어남에 대한 새로운 통찰력을 제공해주며 기쁨으로 주님을 따르는 길을 제시해줍니다.

<생활 영성 시리즈>

1. 주님과 차 한잔을
영성의 숲. 220쪽. 6,000원
신앙의 귀한 진리들, 주님을 사모하고 가까이 나아가는 데 도움이 되는 원리들을 유머를 통해 밝고 즐겁게 전달해주는 책입니다.
주님과 같이 차를 한잔 마시는 기분으로 부담없이 읽다 보면 자연스럽게 영적 통찰을 얻을 수 있을 것입니다.

2. 일상의 삶에서 주님을 의식하기
영성의 숲. 280쪽. 8,000원
일상의 사소한 삶 속에서 주님을 의식하며 살아가는 이야기. 신앙과 영성은 기도할 때만이 아니라 일상의 모든 삶 속에서 나타나야 한다. 작고 사소한 모든 일에서 주님을 의식하는 것이 진정한 행복의 원리인 것을 이 책은 보여주고 있습니다.

3. 일상에서 경험하는 주님의 사랑
영성의 숲. 277쪽. 8,000원
일상의 묵상 시리즈 2편. 사소한 일상의 삶에서 주님의 임재와 사랑을 느끼고 주님의 메시지를 경험하는 이야기. 항상 모든 것에서 주님의 마음과 시선으로 삶과 사람을 보고 느껴야 하며 이를 통해서 날마다 천국을 경험할 수 있음을 사소한 삶의 이야기를 통하여 부드럽게 전달해주고 있습니다.

4. 삶이 가르치는 지혜
영성의 숲. 212쪽. 6,000원
〈삶이 가르치는 지혜〉의 개정판. 우리의 삶에서 경험하는 많은 즐거운 일, 힘든 일들이 결국 우리 영혼의 성장을 위하여 주어진 일임을 보여줍니다. 가슴을 따뜻하게 하는 소박한 이야기들을 통해서 사랑의 중요성을 다시 한번 깨닫게 합니다.

5. 사랑의 나라로 가는 여행
영성의 숲. 156쪽. 5,000원
〈사랑의 나라〉의 개정판. 어른들을 위한 우화로서 한 청년이 여행을 통하여 삶의 목적과 방향을 깨달아 가는 과정이 흥미진진하게 전개되고 있습니다. 즐겁게 이야기를 읽어나가다보면 영적 성장의 방향과 중심, 영적 세계의 에너지와 원리, 흐름을 이해하는데 도움이 될 것입니다.

6. 하나님의 뜻을 발견해 가는 여행
영성의 숲. 269쪽. 신국판 변형 8,000원
성경에 등장하는 입다, 다윗, 암논의 삶과 사건들을 통하여 하나님의 아버지 마음과 하나님의 의도와 훈련을 이해하고 발견하도록 안내하는 책입니다. 등장인물들의 마음과 정서가 드라마처럼 녹아있어 흥미와 감동을 전달해줍니다.

7. 일상에서 경험하는 주님의 은혜
영성의 숲. 253쪽. 값 8,000원
일상시리즈 3편입니다.
가족 이야기, 모임 이야기, 일상에서 경험하는 여러 가지
일들을 통해서 영적 원리와 교훈을 정리하였습니다.
일기와 이야기 형식으로 기록되어 있어서 즐겁게 읽는
가운데 주님과 같이 걷는 삶의 흐름 속으로 들어갈 수 있
게 될 것입니다.

<묵상 시리즈>

1. 맑고 깊은 영성의 세계를 향하여
영성의 숲. 140쪽. 5,000원.
잠언시리즈 1편. 내 영혼의 잠언1을 판형을 바꾸어 새
롭게 만들었습니다. 순결하고 맑은 영혼으로 성장하기
위한 진리의 묵상들이 간결하게 정리되어 있습니다.

2, 주님은 생수의 근원 입니다
영성의 숲. 196쪽. 6,000원
〈내 영혼의 잠언2〉의 개정판. 맑고 투명한 영성의 세계
로 안내하는 영성 잠언집. 새벽녘의 신선하고 향긋한
바람처럼 우리 영혼을 달콤하게 채워주는 묵상의 글들
을 모아서 정리했습니다.

3. 묻지 않는 자에게 해답을 던지지 말라
영성의 숲. 156쪽. 5,000원
삶과 사랑과 영혼의 진리를 담은 잠언 시집.
인생의 의미와 진리, 영성의 발전과정을 예리하면서도
부드러운 시각으로 표현하고 있습니다. 불신자에 대한
전도용으로도 좋은 책입니다.

4. 영혼을 깨우는 지혜의 샘물
영성의 숲. 180쪽. 6,000원
〈영적 성숙으로 향하는 여행〉의 개정판
인생, 진리, 마음, 영성 등 중요한 8가지의 주제에 대한
짧은 묵상을 담았습니다. 맑은 샘물이 흐르듯이 간결한
지혜의 메시지가 영성을 일깨워주는 책입니다.

하나님의 뜻을 발견해 가는 여행

1판 1쇄 발행　2007년 1월 20일
1판 4쇄 발행　2016년 2월 15일
지은이　　　정원
펴낸이　　　이혜경
펴낸곳　　　영성의 숲
등록번호　　2001. 7. 19 제 8-341 호
전화　　　　02 - 355 - 7526 (영성의숲)
핸드폰　　　010 - 9176 - 7526 (영성의숲)
E - mail　　 spiritforest@hanmail.net (영성의숲)
홈페이지　　cafe.daum.net/garden500 (정원목사 독자 모임)
　　　　　　cafe.naver.com/garden500 (정원목사 독자 모임)

국민은행　　461901 - 01 - 019724
우체국　　　013649 - 02 - 049367
예금주　　　이혜경

총판　　　　생명의 말씀사
전화　　　　02 - 3159 - 8211
팩스　　　　080 - 022 - 8585,6
　　　값 8,000원
ISBN 978 - 89 - 90200 - 46 - 4　03230